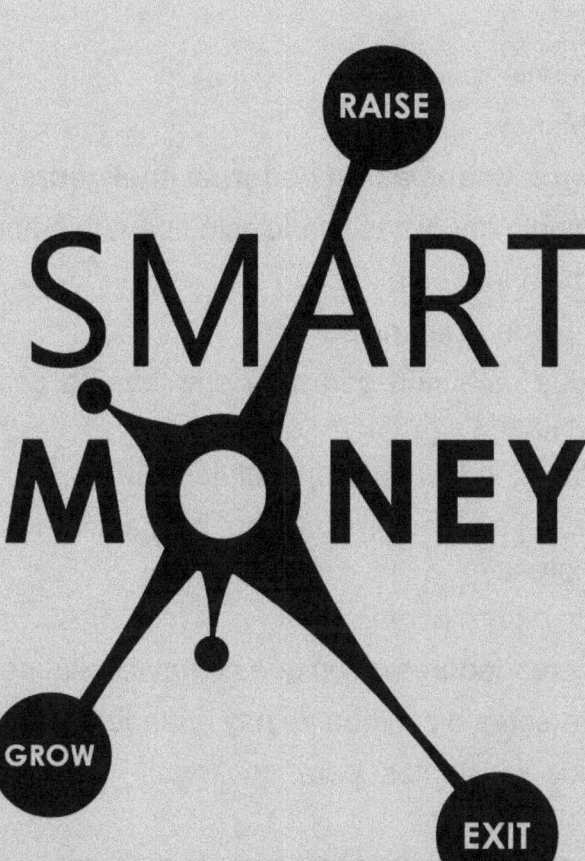

SMART MONEY

RAISE

GROW

EXIT

Javier Martín
Autor de Loogic y Emprender Ligero

Con el apoyo de
gigas

INDICE

1. Agradecimientos
2. Smart Money
3. **Conseguir financiación de forma inteligente**
4. ¿Realmente necesitas financiación para tu empresa?
5. La hormigonera en el balcón
6. La trampa de la financiación
7. Conseguir inversión para una empresa es como que te toque la lotería
8. Descubre si tu startup es invertible
9. ¿Cual es el mejor momento para buscar financiación para una empresa?
10. ¿Cuánto dinero pedir?
11. Los emprendedores dicen que no hay capital riesgo
12. Los inversores dicen que no hay buenos proyectos
13. Opciones existentes para conseguir financiación para una empresa
14. Dónde encontrar inversores para tu empresa
15. No busques inversores, encuentra socios
16. Cómo presentar una empresa a un inversor
17. Consejos para elaborar un plan de negocio
18. Los foros de inversión
19. Cómo elegir una aceleradora de startups
20. Planifica tu ronda de inversión

21. La importancia del equipo de cara a conseguir inversión para una empresa

22. 10 errores de una startup que busca financiación

23. **Conseguir financiación inteligente**

24. El mejor inversor es un cliente

25. La primera ronda de inversión se hace pensando en la segunda

26. Cómo elegir un inversor para tu startup

27. Descripción de las operaciones de inversión y rondas de inversión

28. Fases y documentos utilizados en las rondas de inversión

29. La valoración de la empresa

30. Los préstamos participativos en la financiación de la empresa

31. El crowdfunding como alternativa a las formas de financiación tradicional

32. La inversión a nivel internacional

33. La opción del tech angel como alternativa de inversión

34. ¿Qué tiene que ver el Media For Equity con el Smart Money?

35. Modelos de inversión de los principales inversores de España

36. Encuesta: ¿Qué valoran los emprendedores de un inversor?

37. La aportación de un inversor en los momentos difíciles de una empresa

38. Cuando un inversor invierte en una startup le transmite su

reputación
39. **Invertir la financiación de forma inteligente**
40. Tu problema no es conseguir dinero, es saber gastarlo
41. Invertir para lograr métricas de negocio
42. Invertir para lograr escalabilidad
43. Invertir en tecnología
44. Invertir en marketing
45. Invertir para crear un equipo excelente
46. Smart Money también es saber vender tu empresa
47. Consejos para vender una startup
48. Te la vas a pegar … Te va a ir bien
49. Muchas gracias

Agradecimientos

Como emprendedor interesado por la economía colaborativa me alegra poder decir que Smart Money es un libro colaborativo. En primer lugar porque para poder publicarlo he contado con el apoyo de mucha gente, en concreto más de 250 personas que han colaborado en la campaña de crowdfunding que organizamos desde Loogic, para financiar la realización del proyecto Smart Money, que además de la realización de un evento incluía la publicación de este libro que ahora estás leyendo. En segundo lugar el libro Smart Money es colaborativo, porque en él también han participado una serie de emprendedores e inversores que nos transmiten su conocimiento y experiencias a través de una serie de consejos. Han colaborado en la realización de los contenidos de este libro:

François Derbaix

https://www.linkedin.com/in/fderbaix

Gonzalo Carriazo Hernández

https://www.linkedin.com/in/gcarriazo

Gonzalo Álvarez Marañón

https://www.linkedin.com/in/gonalvmar

Ignacio de Miguel Ximénez de Embún

https://www.linkedin.com/in/ignaciocdys

Iñaki Arrola

https://www.linkedin.com/in/inakiarrola

Juan Luis Hortelano

https://www.linkedin.com/in/juanluishortelano

Igualmente quiero aprovechar el comienzo de este libro para agredecer a mis socios en Loogic por el gran trabajo que han hecho en la organización del proyecto Smart Money, del cual forma parte este libro. Muchas gracias a Ignacio, Agustín, Javi, Mariano, Lucas y José.

Muchas gracias también a Carmen por diseñar la portada de este libro y por apoyarme incondicionalmente en todas mis aventuras como emprendedor.

Finalmente muchas gracias a la empresa de cloud hosting Gigas por colaborar como patrocinador en la campaña de crowdfunding que ha hecho posible la publicación de este libro.

Smart Money

La primera vez que pensé en escribir un libro tenía muchas dudas sobre si tendría éxito al pasar del formato blog al formato papel. Tuve la suerte de que el crowdfunding me ayudó a salir de dudas y gracias a la gente que me apoyó para escribir el libro Emprender Ligero comenzó una nueva etapa en mi vida como emprendedor y escritor. Escribir el libro Emprender Ligero supuso una gran experiencia para mi, sobre todo al ver que podía ayudar a muchos emprendedores a evitar muchos errores y tener más éxito en la puesta en marcha de sus startups.

Escribir el libro Smart Money ha sido como afrontar una segunda etapa en esta carrera como escritor, para ayudar a los emprendedores con sus empresas. En esta ocasión el planteamiento sigue siendo que como emprendedores tomemos las decisiones de forma inteligente y si se trata de buscar financiación y socios para nuestra empresa, con más razón porque son aspectos donde los emprendedores solemos cometer muchos errores que nos pueden penalizar enormemente.

Mi objetivo al escribir el libro Smart Money es ayudar a los emprendedores a conseguir financiación inteligente. Para mi el concepto de Smart Money es enormemente relevante en la estrategia de financiación de una nueva empresa y no se queda en el aspecto principal y más popular que es conseguir dinero de inversores que aporten algo más que dinero, aportaciones que se suelen considerar habitualmente como contactos, oportunidades de negocio y consejos a nivel de estrategia. El concepto de Smart Money es mucho más amplio y lo descubrirás en este libro para poder aplicarlo de cara a lograr un mayor éxito en la estrategia de financiación de tu negocio.

Smart Money comienza desde el momento en el que el emprendedor se plantea que va a necesitar financiación para su startup. Elegir ese momento en el que se empieza a preparar una ronda de financiación resulta enormemente relevante para el futuro de la empresa. En toda la fase de preparación y realización de una ronda de inversión es fundamental aplicar una serie de criterios y metodologías que nos ayuden a lograr el éxito esperado. Por ejemplo la elección de los inversores a los que se les va a presentar el proyecto, para no perder el tiempo intentando que lo conozcan inversores cuyos criterios de inversión no coinciden con el estado o características de nuestra empresa. Son muchos otros los factores que caracterizan la realización de una ronda de inversión de forma inteligente, para que el emprendedor se ahorre mucho tiempo, incluso dinero, y sobre todo para que aumenten considerablemente las posibilidades de éxito para conseguir la financiación requerida para su empresa.

Smart Money sin duda es conseguir dinero que sea mucho más que dinero. Aquí nos encontramos con lo ya comentado de que el inversor no sólo nos aporte su dinero sino también su inteligencia, contactos y demás aspectos que nos puedan ayudar a hacer crecer nuestro negocio. Pero dinero inteligente es mucho más, por ejemplo es de gran importancia que el inversor que participe en nuestra empresa tenga capacidad para seguir apoyándonos en las siguientes rondas de financiación que se vayan a realizar. El mejor inversor es el que tiene esa capacidad para acompañar la empresa hasta la realización de un exit parcial o total, ya que será el primero en defender los intereses de los socios, cuando se trate de negociar con nuevos inversores y porque entre otras cosas la empresa se puede ahorrar mucho tiempo y dinero al no tener que hacer el esfuerzo de buscar nuevos inversores cada vez que necesita capital.

Finalmente Smart Money también es y sobre todo es, invertir el dinero de manera inteligente. Y no me refiero solo a la faceta del inversor, que también lo es, sino sobre todo a cómo el emprendedor invierte en su empresa el dinero que ha recibido de los inversores. Mucha gente piensa que conseguir financiación para una nueva idea de negocio es muy difícil pero yo pienso que es aún más difícil gastar el dinero de manera inteligente para que esa inversión repercuta positivamente en el negocio. En todo el tiempo que he estado trabajando con emprendedores que han conseguido financiación para sus empresas he visto que se cometen muchos errores a la hora de seleccionar dónde invertir el dinero conseguido de los inversores y esto penaliza mucho el futuro de los negocios, que en muchas ocasiones se ven abocadas a tener que cerrar cuando no consiguen realizar una segunda ronda de inversión, porque no han sido capaces de lograr los objetivos que se habían propuesto en la primera ronda.

Con Smart Money quiero ayudar a los emprendedores a ampliar las posibilidades de éxito en la realización de una ronda de inversión y a todo el sector en general de las startups para que sea mucho más eficiente el trabajo que realizan tanto los emprendedores como los inversores, para impulsar las nuevas ideas de negocio. Aplicando algunos de los consejos que se encontrarán en este libro nuestro sector se verá enormemente potenciado, se invertirá y se gastará mejor el dinero, de manera más eficiente, por lo que aumentará considerablemente el negocio generado y muchas personas se verán beneficiadas por ello.

La estructura de este libro está compuesta por tres partes que corresponden a su vez con los tres aspectos que para mi conforman el concepto de Smart Money: conseguir financiación de forma inteligente, conseguir financiación inteligente y para finalizar invertir la financiación conseguida de forma inteligente. Aunque las tres partes del libro son importantes dentro de la estrategia genial de financiación de una empresa, también es cierto que no todas las empresas tienen que enfrentarse a las mismas situaciones en el mismo momento, por lo que este libro puede adaptarse a cada situación concreta de cada emprendedor y de cada empresa leyendo de manera separada cada uno de las partes o empezando por la que resulte de mayor utilidad en cada momento. Igualmente los diferentes artículos pueden ser leídos de manera independiente para que cada uno tenga una utilidad concreta sin necesidad de tener que leer el libro completo para obtener esa utilidad.

Por lo tanto espero que este libro resulte de utilidad para aquellos que lo lean, ya sea por completo o alguna de sus partes o artículos, y de esta forma hacer mi aportación para mejorar en la medida de lo posible el ecosistema del emprendimiento en España. Una aportación que para mi no habría posible realizar sin el apoyo de mucha gente, especialmente todos los que han colaborado en la campaña de crowdfunding que he realizado para financiar el proyecto Smart Money en general, que además de este libro cuenta con otras actividades con las que buscamos ayudar a los emprendedores a conseguir financiación para sus empresas.

Conseguir financiación de forma inteligente

El primer gran reto que me propongo con este libro es que como emprendedor entiendas la importancia que tiene preparar adecuadamente la búsqueda de financiación. Si la financiación va a ser un medio que te va a ayudar a lograr los objetivos de tu empresa, es importante que el proceso de búsqueda y consecución de esa financiación también ayude a lograr esos objetivos. El problema es que para muchas empresas la búsqueda de financiación e incluso el que consigan financiación, más que ayudarles, les perjudica.

En esta primera parte del libro Smart Money, dedicada a la fase de búsqueda y captación de financiación, en sus distintas formas, vamos a hablar de los riesgos que implica la búsqueda de financiación, por ejemplo a nivel de la pérdida de foco por parte del emprendedor en lo que al negocio de la empresa se refiere. También hablaremos sobre los pros y los contras que supone para una empresa contar con financiación externa y sobre todo reflexionaremos sobre la importancia que tiene la decisión que tiene que tomar el emprendedor sobre si su empresa es invertible.

Son muchas las decisiones que el emprendedor ha de tomar a lo largo del proceso de creación de su empresa y en las fases iniciales de este proceso una de las decisiones más importantes es decidir si la empresa merece financiación externa, es decir, si el negocio que se va a crear puede reportar los beneficios que los inversores esperan obtener con su inversión. El problema es que la mayoría de los emprendedores deciden que necesitan financiación externa para su empresa cuando no saben si el negocio que tienen entre manos va a poder reportar los beneficios esperados a los inversores.

Por esto es tan importante que el emprendedor prepare adecuadamente todo el proceso relativo a la captación de la financiación, porque si no lo hace y no toma estas decisiones, perderá una gran cantidad de tiempo y energía en buscar algo que no va a poder conseguir porque no cuenta con la materia prima adecuada para ello. Será en el momento en el que descubramos que nuestro negocio es invertible cuando podamos empezar a tomar otra serie de decisiones que también son muy importantes de cara a asegurar el éxito de la ronda de inversión que queremos realizar para nuestra empresa.

El momento en el que empezar a buscar esa financiación, la valoración de la empresa y el porcentaje de la empresa a compartir, las distintas formas que tenemos de financiar nuestra empresa, los inversores a los que acudir en búsqueda de financiación y otras opciones que tenemos en la que apoyarnos de cara a conseguir los recursos que necesita nuestra empresa, son los principales temas que trataremos en la primera parte de ese libro, dedicada a organizar la búsqueda de financiación de forma inteligente.

Estos son capítulos de la primera parte del libro: conseguir financiación de forma inteligente.

4. ¿Realmente necesitas financiación para tu empresa?

5. La hormigonera en el balcón

6. La trampa de la financiación

7. Conseguir inversión para una empresa es como que te toque la lotería

8. Descubre si tu startup es invertible

9. ¿Cual es el mejor momento para buscar financiación para una empresa?

10. ¿Cuánto dinero pedir?

11. Los emprendedores dicen que no hay capital riesgo

12. Los inversores dicen que no hay buenos proyectos

13. Opciones existentes para conseguir financiación para una empresa

14. Dónde encontrar inversores para tu empresa

15. No busques inversores, encuentra socios

16. Cómo presentar una empresa a un inversor

17. Consejos para elaborar un plan de negocio

18. Los foros de inversión

19. Cómo elegir una aceleradora de startups

20. Planifica tu ronda de inversión

21. La importancia del equipo de cara a conseguir inversión para una empresa

22. 10 errores de una startup que busca financiación

¿Realmente necesitas financiación para tu empresa?

Comenzar un libro de consejos para conseguir financiación para una empresa recomendando que no se busque financiación, puede resultar un poco contradictorio, pero, si lo pensamos un poco, tiene todo el sentido considerar la opción de que la mejor forma de crear una empresa es con recursos propios, sin depender de otras personas o empresas para sacar adelante nuestro negocio. En los siguientes capítulos vamos a analizar los pros y contras de crear una empresa con financiación, y entonces entenderemos el sentido que tiene plantearse crear la empresa con nuestros propios medios. Cada emprendedor tiene que ser perfectamente consciente de la razón que le mueve a buscar financiación para su empresa y de las responsabilidades que esto conlleva. Los emprendedores no deberían buscan financiación porque es algo que todo el mundo hace o porque es lo que han hecho otras empresas de éxito. Las empresas tienen que buscar financiación si su plan de negocio lo requiere, si el negocio que se quiere desarrollar no puede llevarse a cabo únicamente con recursos propios y si necesita de inversores externos que aporten su capital, ya sea para la fase de desarrollo o de crecimiento.

Para empezar con esta reflexión deberíamos considerar la búsqueda de financiación como una opción más dentro de las múltiples posibilidades que puede tener una empresa para nacer, desarrollarse y crecer. Hay muchos casos de éxito de empresas que no han requerido financiación para lograr ese gran éxito que buscamos todos los emprendedores cuando ponemos en marcha un negocio. Por ejemplo el caso de Milanuncios, del que hablaremos en varias ocasiones a lo largo de este libro, contrasta poderosamente con los casos de otras empresas que para llegar a convertirse en líderes de su mercado, han precisado realizar varias rondas de financiación por cantidades muy considerables. Somos nosotros, los emprendedores, los que debemos analizar nuestras capacidades y las posibilidades que tenemos de realizar un negocio con nuestros propios recursos, y los que debemos tomar la decisión de buscar financiación para hacer posible nuestro modelo de negocio.

Si analizamos los casos de éxito de empresas que no han necesitado financiación para desarrollarse, ni para crecer, nos encontramos con un común denominador, que es la capacidad del emprendedor, o del equipo de personas que participan en la empresa, para asumir la mayoría de responsabilidades necesarias para la creación del producto y la primera comercialización, que lleva a la empresa a obtener los primeros ingresos por parte de sus clientes. Esa capacidad de desarrollo, en el caso de empresas de tecnología e Internet, se traduce sobre todo en poder programar para sacar una primera versión del producto al mercado y realizar el marketing necesario para darlo a conocer.

El problema de los emprendedores es que muchas veces tenemos miedo a arriesgarnos, y contar con inversores nos aporta seguridad. Pero esta visión es errónea, son los inversores los que buscan la seguridad en sus inversiones; aunque se denomine capital riesgo realmente no lo es, porque los inversores detestan el riesgo. Los emprendedores sí que somos los que debemos arriesgarnos y en este caso no me refiero a invertir nuestro dinero, sino sobre todo a dedicar nuestro tiempo y nuestro conocimiento para crear un gran proyecto. Otro ejemplo en este sentido es la empresa Trovit, que ha llegado a ser una de las empresas de Internet más rentables de España y protagonizar una de las operaciones de venta más importantes de nuestro sector, sin haber necesitado el dinero de los inversores. Aunque la empresa sí que contaba entre sus socios con reconocidos business angels e inversores, la realidad es que la rentabilidad llegó muy pronto a la empresa y realmente no fue necesaria la aportación económica por parte de inversores.

Hecha esta introducción, a continuación vamos a analizar los pros y los contras de crear una empresa sin financiación, de forma que, como emprendedores, podamos decidir si queremos montar nuestra empresa con nuestros propios recursos o con el apoyo financiero de los inversores.

Razones para crear una empresa sin financiación: como ha quedado claro anteriormente, para mi es mejor crear una empresa sin financiación, al menos en las fases iniciales, hasta que llegue el momento en el que el modelo de negocio no pueda escalar por sí mismo y sea necesario invertir para hacerlo crecer, por ejemplo, si se quiere competir con grandes empresas que cuentan con más recursos o si se quiere realizar una expansión internacional de la empresa. Pero hasta que llegue ese momento, cuanto más seamos capaces de hacer por nosotros mismos mucho mejor, porque, en primer lugar estaremos optimizando de forma más adecuada nuestros recursos y en segundo lugar tendremos el control total de nuestra empresa, lo que hará que nos resulte mucho más fácil de manejar. A continuación podéis conocer las razones por las cuales considero que es mejor crear una empresa sin financiación.

Foco en el negocio de la empresa: los que ya habéis buscado financiación para un proyecto o conocéis a gente que lo ha hecho, habréis comprobado como en el proceso de realización de una ronda de financiación se pierde el foco en el trabajo de gestión de la empresa. Buscar financiación es un trabajo y montar tu empresa para lograr las métricas que te van a pedir los inversores, también es otro trabajo, por lo tanto como emprendedor acabas teniendo dos trabajos, lo que supone tener que dedicar un montón de horas y por mucha energía que tengas al final alguno de los dos trabajos se va a resentir. En esta situación la bajada en la productividad es tremenda y el agotamiento del emprendedor puede afectar seriamente al futuro de la empresa. Cuando la realización de una ronda de financiación se alarga más de 6 meses es mucho mejor dejarlo y esperar a momentos mejores en función de la receptividad que hayamos visto en el mercado y entre los inversores.

Independencia en la toma de decisiones: aunque es cierto que muchos inversores no se meten en la toma decisiones, sobre la dirección de la empresa, por parte del emprendedor, también es cierto que hay otros, sobre todo los business angel, que tienden a involucrarse bastante en el proceso de desarrollo de la empresa. Ésto puede suponer un obstáculo para que el emprendedor sea capaz de tomar decisiones con agilidad. Para mí es fundamental que el emprendedor informe adecuadamente a los inversores sobre las decisiones que va tomando, por ejemplo a nivel de inversión en marketing, contratación de personal, apertura del negocio en otros mercados y en general todos aquellos temas que resulten relevantes en el desarrollo de la empresa. Pero una vez informados, los inversores no deberían interferir en esas decisiones de estrategia, porque eso puede perjudicar al negocio, especialmente en cuanto al nivel de la agilidad con la que se toman las decisiones y se ejecutan. Si esta interferencia ocurre, entonces, el emprendedor y la empresa tendrán un problema que se podría haber evitado si se hubiera afrontado esa fase de desarrollo con recursos propios.

Satisfacción personal: para mi supone una especial motivación saber que estoy construyendo un negocio con mis propios recursos y mis propias capacidades. Esto me impulsa para seguir creciendo a nivel profesional y con mi empresa, lo cual además supone un beneficio directo por ejemplo a nivel económico ya que puedo tener acceso directo a los beneficios de la empresa según se van produciendo. Saber rodearte de otros buenos profesionales, por ejemplo a nivel de socios, también supone una importante motivación de cara al trabajo del día a día, sobre todo porque compensa los sacrificios que muchas veces los emprendedores tenemos que realizar al no disponer de todos los recursos económicos que son necesarios para crear una empresa en las mejores condiciones posibles.

Hasta aquí llegan lo que, para mi, son las ventajas de crear una empresa con nuestros propios recursos, es decir, sin financiación externa. Pero está claro que también existen inconvenientes que nos hacen pensar que, en muchas ocasiones, sí va a ser necesario recurrir a financiación externa para desarrollar nuestro negocio. A continuación podéis conocer los problemas a los que nos vamos a enfrentar si no contamos con inversores en nuestra empresa.

Razones para crear una empresa con financiación: el que yo haya preferido crear mi empresa sin financiación no quiere decir que no reconozca que esto pueda suponer un problema y que me haya perjudicado en algunos aspectos, no habiendo logrado, hasta ahora, un gran éxito con ella. Veamos cuáles son esos problemas que nos vamos a encontrar si creamos una empresa sin financiación externa.

Pérdida de oportunidades: no me cabe duda de que contar con financiación nos puede ofrecer muchas oportunidades, lo cual es uno de los aspectos principales que se transmiten en el concepto de Smart Money. Por ejemplo, tenemos oportunidades por cosas tan sencillas como contar con dinero para poder viajar a nivel internacional para participar en eventos o para llegar a acuerdos con otras empresas, algo que va a ser difícilmente realizable si no disponemos de recursos económicos. Contar con inversores externos nos puede abrir muchas puertas de cara a contactos de negocio, para lograr nuevos clientes o nuevos inversores. Por lo tanto, para mí, una de las principales razones por las que tiene sentido buscar financiación en una empresa es poder aprovechar todas las sinergias que nos puede generar ese dinero. El concepto Smart Money cobra aquí toda su utilidad y tiene que ser una de nuestras prioridades en la búsqueda de financiación. Además una vez que la hayamos logrado, debemos saber extraer todo el potencial a la financiación obtenida para potenciar nuestro negocio.

Desventaja frente a la competencia: poder competir es lo que hace que muchas veces a las empresas no les quede otra opción que contar con financiación externa. En la historia reciente de Internet en España hemos vivido varias situaciones donde surgen un gran número de empresas para desarrollar el mismo modelo de negocio importado de otros países donde ya ha tenido éxito anteriormente. Lo hemos visto con los outlets online inspirados en Vente Privee y con los groupones inspirados en Groupon. En ambos casos las empresas que han logrado un hueco en el mercado han necesitado cantidades importante de inversión para poder competir con el resto de empresas. Aún así siempre puede haber alguna excepción como el caso de Colectivia, un clon de Groupon que ha tenido un éxito notable sin requerir financiación y del que hablaremos más adelante en este libro. Además, también es muy importante recalcar que, cuanto menos dinero se necesite, mucho mejor, en el sentido de que estará mejor invertido, mejor optimizado y se generará menos dependencia de los inversores. Son muchos los casos de empresas que han logrado ser más rentables con menos dinero que otros de sus competidores sobre todo porque han sabido invertir de una manera mucho más inteligente. Siguiendo con el ejemplo de los groupones también tenemos un caso que representa bastante bien esta idea, se trata de la empresa Offerum, que para posicionarse como uno de los líderes en este negocio ha requerido de mucha menos inversión que sus competidores, simplemente porque ha tomado decisiones de manera más acertada y porque ha sabido optimizar mejor sus recursos.

Dificultad para valorar la empresa: podríamos decir que este es un problema menor en las fases iniciales de la empresa, pero que a medio o largo plazo sí que puede ser negativo para los fundadores de la empresa que no ha contado con inversores en su desarrollo. Si nadie ha confiado en la empresa para invertir en ella y nadie la ha puesto precio al aceptar la valoración de una ronda de financiación, posteriormente será más difícil conseguir una buena valoración si la empresa entra en proceso de venderse. Las empresas que no han recibido financiación suelen venderse haciendo valoraciones convencionales, por ejemplo basadas en la facturación o en los beneficios. Imaginaos cómo habría sido la valoración de Instagram usando ese método de valoración (0). En todo caso, siempre puede haber excepciones como que el comprador tenga mucho interés por la empresa y el emprendedor sepa realizar una buena negociación. Es el caso de Milanuncios, que se ha vendido por más de 50 veces ingresos. Contar con inversores en una empresa va a ayudar a los emprendedores a realizar una mejor valoración de su negocio y además, si llega el caso, a poder realizar una mejor venta de la empresa.

Una vez vistas las ventajas e inconvenientes de crear una empresa sin financiación estamos en situación de poder conocer con más detalle algunos casos de éxito de startups españolas que no han tenido que realizar rondas de financiación para convertirse en referentes en su actividad. A continuación, veremos el caso de la empresa Milanuncios a través del artículo que publiqué originalmente en el libro Emprender Ligero.

Milanuncios es uno de los casos más sorprendentes y admirables que tenemos en la Internet hispana, una web creada por una única persona y mantenida por su creador prácticamente en solitario, hasta convertirla en el número uno del sector de los clasificados y la segunda web española con más tráfico, únicamente superada por Marca. En 2013 la web contaba con unas cifras de tráfico mensuales increíbles, 700 millones de páginas vistas, 60 millones de visitas y 17 millones de usuarios únicos. Una web que crece en tráfico un 70% anual, que carga más rápido que el mismísimo Google y necesita tan sólo de una infraestructura de 5 servidores para funcionar. Una web que a principios de 2014 fué comprada por un competidor a nivel internacional, con una valoración de 100 millones de euros.

El fundador de Milanuncios es el mejor ejemplo que conozco de emprendedor multifacético, ha programado la web desde cero, ha montado la estructura de servidores para que todo funcione perfectamente, se encarga de la atención al cliente y de otras muchas cosas como hablar a diario con la policía para gestionar los anuncios ilegales. El marketing también lo controla y hasta se ha atrevido a hacer su propio anuncio para televisión. Hasta hace pocos meses antes de la venta de la empresa no se había lanzado a crear una estructura de empresa, tener socios y contratar trabajadores para poder asegurar correctamente el crecimiento. Había llegado el punto en el que no podía asegurar que la web pudiera continuar creciendo si seguía encargándose de todo el trabajo, sobre todo de cara a las mejoras en la programación de la web.

El fundador de Milanuncios es una persona que desborda pasión por su proyecto, dice que no trabaja por dinero, sino porque disfruta muchísimo con su trabajo. Para él emprender es como un juego en el que le encanta ganar y ver como poco a poco ha ido superando a toda su competencia. Como en la historia de David contra Goliat ha sido un emprendedor en solitario que ha vencido a nivel de tráfico a toda su competencia en el sector de los clasificados, con empresas como Anuntis que tiene cientos de personas en plantilla. Antes de la venta de la empresa su reto era convertir todo ese tráfico en negocio y por eso había abandonado la red publicitaria de Google Adsense y había empezado a ofrecer su propio modelo de anuncios destacados.

El fundador de Milanuncios es un gran ejemplo de emprendedor ligero: por un lado está completamente enganchado a emprender y por otro lado es una persona austera, que mira al detalle cada gasto que realiza para buscar la máxima rentabilidad en su trabajo. Le encanta Internet porque elimina intermediarios y porque da la oportunidad de que una persona en solitario o con un pequeño producto pueda llegar a hacer cosas realmente importantes. Está convencido de que una startup no necesita financiación para desarrollarse, que lo más importante es el trabajo que puedan hacer sus fundadores.

Para él, emprender es afrontar problemas y no hay nada con lo que no se atreva, desde los aspectos técnicos a los legales pasando por el marketing, está convencido de que cualquier emprendedor es capaz de hacer este tipo de cosas si se lo propone.

Sin duda, Milanuncios es uno de los mejores ejemplos que tenemos en España de empresa que logra un gran éxito a nivel de negocio sin necesidad de tener inversores, pero no es el único. A continuación os dejo tres ejemplos más de empresas que han logrado un gran éxito sin financiación y de las que hemos hablado en Loogic, por lo que podéis buscar en el blog para encontrar más información.

Juegos Diarios, una web de juegos online, fundada por Amado Martin sin financiación externa y que ha logrado unas cifras impresionantes de tráfico como los 21 millones de visitantes únicos y 110 millones de páginas vistas que nos reportaba en el año 2009.

Colectivia, de la que hemos hablado anteriormente, fundada por José Moral, que ha logrado hacerse un hueco entre los groupones en el mercado español llegando a facturar más de 600.000 euros al mes durante el año 2013.

ExoClick fundada en 2006 por Benjamin Fonze, que ha logrado impulsar el negocio hasta alcanzar una facturación de 63 millones de euros anuales sin necesitar para ello de ningún tipo de financiación externa.

La hormigonera en el balcón

Una anécdota que recuerdo muy bien de mi niñez está relacionada con una obra que hicieron cerca de mi casa para construir un edificio. Cada vez que pasaba frente a la obra me fijaba en la evolución que iba teniendo la construcción y los trabajos que estaban haciendo los albañiles. Un día, al pasar frente a la obra, me llamó mucho la atención que, sobre uno de los pequeños balcones, había una hormigonera y por si eso fuera poco, al lado había una palé cargado de sacos de cemento. No soy capaz de imaginar el peso que suponía todo ese cargamento para aquel balcón, quizás 1.000 kilos, pero de lo que estoy seguro es de que la estructura del balcón nunca más iba a tener que soportar tanto peso, por mucho que los futuros dueños de esa casa pusieran muchas plantas u otros objetos en el balcón.

El caso es que la estructura de hormigón de ese balcón, y supongo que también del resto del edificio, estaba claramente sobredimensionada y por lo tanto el coste de la construcción estaba siendo mucho mayor de lo que era realmente necesario. Estoy casi seguro que, en este caso, la culpa de una situación así no era del arquitecto que decidió el grosor y la resistencia que debía tener la estructura del edificio, sino de la normativa de edificación correspondiente, que seguramente estaba pensada siguiendo unos criterios poco adaptados a la realidad y que, en muchos casos, convierten la construcción de edificios en una actividad enormemente ineficiente.

Una situación parecida la escuché hace poco en una charla, en relación con la famosa catedral que está construyendo un señor llamado Justo, en la localidad de Mejorada del Campo. Cuando Justo decidió empezar a construir los pilares que sustentarán toda la catedral, le preguntó a un arquitecto el grosor que debían tener estos pilares y tras recibir una respuesta al respecto decidió, por medidas de seguridad, hacer los pilares el doble de anchos, supongo que para curarse en salud.

Curarse en salud es lo que hacen muchos emprendedores cuando planifican una ronda de inversión para su empresa y, en muchos casos, magnifican sus necesidades financieras, lo que implica incurrir en una gran ineficiencia e incluso, puede ser una de las razones por las que muchos emprendedores no consiguen realizar esa ronda de inversión para su empresa tal y como la habían pensado y planificado.

La famosa frase del filósofo minimalista Guillermo de Ockham que dice "es inútil hacer con más lo que se puede hacer con menos" nos aconseja optimizar al máximo los recursos para evitar el despilfarro tan habitual cuando realizamos una mala planificación del trabajo y las operaciones a desarrollar en nuestra empresa. Ese despilfarro en muchas ocasiones puede ser la causa por la que una empresa tiene que llegar a cerrar, cuando no ha sido capaz de alcanzar sus objetivos de rentabilidad con el capital invertido. Si hacemos un esfuerzo en optimizar la inversión para aumentar su eficiencia estaremos tomando una de las mejores decisiones para el futuro de nuestra empresa y nuestro futuro como emprendedores.

Uno de los grandes problemas que nos encontramos en las empresas, que forman parte de nuestro ecosistema, se produce en aquellas situaciones en las que una empresa que ha logrado realizar una primera ronda de inversión y ha "gastado" una parte muy importante del capital obtenido, se encuentra en la situación de necesitar más capital, pero no ha logrado los avances necesarios para justificar la realización de una nueva ronda de inversión, tanto frente a sus inversores actuales como ante posibles nuevos inversores.

La realización de esa segunda ronda de inversión se produce en muchas menos ocasiones de las que cabría esperar, según el número de primeras rondas que se están produciendo en los últimos años en nuestro mercado, y esta situación es debida a que muchas empresas no invierten adecuadamente el capital recibido y no logran el crecimiento esperado según su modelo de negocio y sus proyecciones financieras. Cuando esas empresas no logran realizar la segunda ronda de inversión tal y como habían planificado, se ven abocadas a una situación muy complicada que lleva a muchas de ellas a tener que tomar la decisión de cerrar la empresa por no poder sostener el negocio, y a otras, en convertirse en empresas zombies en una situación de insatisfacción por parte de los inversores y sobre todo de desesperación por parte de los emprendedores.

Para evitar llegar a esta situación, el emprendedor tiene una buena herramienta que es la planificación del proceso de financiación del negocio, de forma escalonada, que le permita ir recibiendo fondos en base a las necesidades que vaya teniendo y los hitos que vaya consiguiendo. De esta forma, el inversor podrá ir subiendo su apuesta y compromiso por la empresa, también de manera progresiva y tendrá una mayor capacidad para acompañar la evolución del negocio, convirtiéndose en una socio estratégico de éste y no un mero financiador que podría retirarse de la partida cuando observa que la evolución no es la deseada.

Cuando como emprendedor te encuentres en la situación de planificar la búsqueda de financiación para tu empresa, piensa en la hormigonera sobre el balcón y planifica las rondas de financiación de manera optimizada para obtener la mínima cantidad necesaria de dinero, para llevar a cabo los planes que tienes previstos a corto plazo. Si buscas una cantidad pequeña en esa ronda de inversión te resultará más sencillo conseguirla y más fácil de justificar su necesidad ante los inversores. Además, debes pensar en que esa ronda se realice con inversores que tengan la posibilidad de acompañarte en el crecimiento de la empresa para evitar de esta forma tener que hacer todo el proceso de búsqueda de financiación cada vez que la empresa va necesitando nuevos recursos económicos para su desarrollo.

De este modo uno de los principales aspectos que constituyen el concepto de Smart Money, está en la característica del inversor que es capaz de acompañar a la empresa en sus distintas fases de necesidad de financiación. De esta forma el dinero es mucho más que simple dinero, es capacidad estratégica para cubrir las necesidades de la empresa en sus distintas fases de desarrollo de la empresa. Y sobre todo, es dinero bien invertido en la empresa para evitar el despilfarro que tanto puede perjudicar al futuro de nuestro negocio.

La trampa de la financiación

Los que habéis leído mi libro Emprender Ligero sabéis que la trampa del café es un efecto que se produce cuando el consumo excesivo de algo, que inicialmente es positivo, se acaba volviendo negativo, es decir, produciendo el efecto contrario al esperado. A mi me pasa cuando tomo más café de los que estoy habituado a tomar, en lugar de despertarme y activarme me produce sueño y me deja sin energías.

Leyendo un artículo sobre la forma de alimentarse del gran atleta Kilian Jornet, he podido entender con mayor claridad cómo la trampa del café ocurre también con otros alimentos y la relevancia que esto tiene para el rendimiento de los deportistas. Básicamente, explica que el consumo energético que se necesita para hacer la digestión de los alimentos puede afectar negativamente al rendimiento en carrera, por lo que se produciría el efecto contrario al esperado y en lugar de tener más energía para afrontar el esfuerzo, tendremos menos. De ahí la importancia de habituar a nuestro cuerpo a rendir sin necesidad de ingerir alimentos en las horas previas al ejercicio, utilizando sus propios recursos, principalmente las reservas que se han ido acumulando cuando no se está realizando un ejercicio intenso.

En las empresas nos encontramos con la misma situación. En este caso, la trampa no se produce con la alimentación sino con la financiación y el efecto es muy similar. Muchas empresas sufren un desgaste enorme en las fases en las que tienen que financiarse y los efectos pueden ser devastadores.

Algunos síntomas de que las empresas sufren cuando se financian los hemos comentado anteriormente y son, por ejemplo, la pérdida de foco, la bajada en el rendimiento del negocio, el cambio de rumbo en función de los intereses de los inversores, incluso la obligación de tener que cerrar cuando se debe dinero en forma de préstamo y no se cuenta con suficientes ingresos para poder devolver el préstamo en las condiciones acordadas.

Por suerte, en nuestro ecosistema tenemos muchos ejemplos de empresas que son capaces de lograr un gran éxito sin financiación y debemos fijarnos en ellas para aprender cómo ser capaces de administrar los propios recursos y para lograr objetivos sin necesidad de apoyo financiero externo, ya sea por medio de inversores o por medio de otras formas de financiación como es la bancaria o la financiación pública. En este caso, y por no usar siempre el ejemplo de Milanuncios, podemos mencionar el reciente gran éxito del videojuego Minecraft que se ha vendido por 2.500 millones de dólares a Microsoft y nunca había necesitado financiación externa.

Las gestas deportivas a las que nos tiene habituados Kilian Jornet, en una parte muy importante, son fruto de sus hábitos personales respecto al entrenamiento y la alimentación. Esa forma de administrar sus propios recursos energéticos puede ser un gran ejemplo para nosotros los emprendedores, en tanto nos permite ser conscientes de que se pueden hacer grandes cosas con nuestros propios medios y que cuanto más aguantemos de esta forma, mucho mejor será para nosotros. De lo contrario nos encontraremos con que cada vez que necesitemos recursos, nos tendremos que enfrentar al "bajón" que nos va a producir la realización de una ronda de inversión, equivalente al shock que sufre un deportista cuando tiene un subidón de azúcar tras tomar un gel energético, donde, en una fase inicial, en lugar de tener más energía se produce la situación contraria hasta que el cuerpo poco a poco lo va asimilando.

¿Quiere decir esto que estoy en contra de que las empresas se financien? Claro que no. Soy consciente de que, en muchas ocasiones, es estrictamente necesario contar con recursos externos, igual que en una carrera de larga distancia es necesario comer para no quedarse completamente seco de energía. Pero mi consejo es que siempre se recurra a la mínima financiación posible y que se haga antes de que sea estrictamente necesario, habiéndolo planificado.

La mínima financiación posible consiste en buscar sólo el dinero que es estrictamente necesario para lo que necesitamos hacer en un momento determinado. De esta forma nos diluiremos menos, perderemos menos capacidad de decisión y estaremos dedicando el dinero únicamente a lo que nos ayuda a cumplir nuestros objetivos. Si emprender fuese una carrera y en uno de los avituallamientos te ofrecen comerte una paella, un cocido o una fabada, por mucho que te apetezca creo que no sería sensato comerlo y sin embargo sería mejor comerse una barrita energética y seguir corriendo. Seguro que el gusto no es tan bueno pero te aseguro que tu cuerpo y sobre todo tu rendimiento en carrera te lo agradecerá.

Buscar la financiación antes de que sea necesaria significa no llegar a los avituallamientos secos de energía y desesperados. Este es un gran error que cometen muchas empresas: buscar la financiación cuando ya es demasiado tarde, cuando la caja está vacía, incluso cuando ya no hay dinero para pagar sueldos. Hacer una ronda de inversión con hambre puede ser bueno porque agudiza el ingenio, pero te deja en desventaja frente a los inversores que podrán "apretarte" más las tuercas, o como se aplica en en este caso, reducirte la valoración porque te urge conseguir el dinero. Lo mismo ocurre cuando estás haciendo ejercicio, no sólo en lo que a alimentación se refiere, también en la hidratación, donde se suele decir que cuando tienes sed ya puede ser demasiado tarde porque puede que ya estés en proceso de estar deshidratado y eso la mayoría de las veces no se puede revertir con facilidad, por lo que tendrás que abandonar la carrera.

¿Quiero decir que esta sea la mejor forma de crear y financiar startups? Para mi es la mejor, pero no creo que sirva para todo el mundo. Igual que en el mundo del deporte hay muchas formas de entrenar y alimentarse, desde los que toman todo tipo de suplementos y alimentos que potencian su rendimiento, hasta los que son vegetarianos y no toman nada artificial, ni siquiera en las carreras, como el caso de uno de los mejores corredores de larga distancia de la historia, el americano Scott Jureck, que en su libro "Correr, comer, vivir" nos transmite grandes lecciones que también podemos aplicar los emprendedores.

Ahora te toca a ti decidir qué modelo vas a utilizar para construir tu empresa, mi opinión ya la conoces y te recomiendo que busques la opinión de otros emprendedores que hayan tenido éxito con sus proyectos para ampliar la visión al respecto.

Conseguir inversión para una empresa es como que te toque la lotería

¿Qué es más fácil, que te toque la lotería o conseguir financiación para tu empresa? Si pensamos en el número de personas que juegan a la lotería, frente a las que crean empresas y buscan inversión para financiarlas, por pura estadística sabemos que es más probable conseguir financiación que el que te toque la lotería. En todo caso existe una relación o similitud entre ambas situaciones. Si quieres que te toque la lotería y quieres aumentar tus probabilidades de tener suerte, lo que puedes hacer es comprar muchos números y así estarás más cerca de lograr uno de los premios. Es lo que ha conseguido hacer la administración de lotería la Bruja de Oro que llega a vender casi el 1% de la lotería nacional española, por lo que aumenta enormemente las probabilidades de dar uno de los premios, en los distintos sorteos que se realizan a lo largo del año.

Los emprendedores también podemos trabajar a favor de la suerte, si lo que queremos es conseguir financiación para nuestra empresa. Siguiendo con el símil de la lotería, si como emprendedores tan solo jugamos un número de lotería, las probabilidades de que tengamos la suerte de encontrar un inversor para nuestra empresa serán muy bajas. Pero ¿cómo compramos más números de lotería, de forma simulada, para aumentar las probabilidades de tener suerte? En primer lugar, compramos más números de lotería para nuestra empresa cuando enriquecemos el valor de nuestra idea de negocio. Si tan solo tenemos una idea de negocio las probabilidades de tener suerte son ínfimas, pero si además de la idea hemos creado un equipo, hemos construido un Producto Mínimo Viable, hemos empezado a dar a conocer nuestro producto para empezar a tener usuarios y clientes, incluso comenzamos a tener métricas que nos acercan a poder diseñar un modelo de negocio viable, entonces es como si estuviéramos comprando muchos números de la lotería y las probabilidades de éxito aumentarán significativamente.

Pero ¿qué ocurre si el emprendedor no tiene capacidades ni recursos para llegar a esa situación ideal de cara a buscar inversores, cuando se han despejado muchas de las incertidumbres? Lo habitual en nuestro ecosistema es que el emprendedor busque inversores para poder pagar a empleados que hagan el trabajo necesario para llegar a la empresa a lograr las métricas necesarias para validar el modelo de negocio. Sin embargo mi consejo es que en lugar de buscar inversores, busquemos socios, entonces las probabilidades de éxito aumentarán significativamente y nos habremos evitado todo el esfuerzo y disgustos que supone buscar inversores, que seguramente nos van a decir que no quieren invertir en nuestra empresa porque aún es demasiado pronto y la incertidumbre es demasiado alta.

Además si en lugar de buscar dinero para pagar gente, buscas gente directamente para crear un equipo ganador para tu empresa, lo que estarás haciendo es comprar de una sola vez un montón de números de la lotería, porque es muy común que el primer aspecto en el que se basen los inversores para decidir invertir en una startup es el Equipo, un equipo comprometido, con capacidad para convertir una idea en un negocio y hacerse un hueco en el mercado para lograr desarrollar un modelo de negocio viable y rentable para el inversor.

¿Qué más puedes hacer como emprendedor para que te toque la lotería? Sin duda, llevar a cabo las principales recomendaciones que propone el "bootstrapping", es decir, intentar llegar lo más lejos posible en el desarrollo de tu plan de negocio sin tener que recurrir a financiación externa. Para ello habrá que hacer un esfuerzo extra como emprendedores, incluso un esfuerzo que nos puede parecer sobrehumano, pero os puedo asegurar que valdrá la pena, porque la recompensa puede ser muy alta. La recompensa es alta, en primer lugar, porque consigues elevar la valoración de la empresa y por lo tanto el beneficio futuro que tú vas a obtener de tu trabajo. También porque acostumbras al "organismo" de tu empresa a funcionar con poca aportación de recursos, de forma que cuando lleguen esos recursos en forma de financiación, el impulso puede ser mucho más importante que si siempre ha tenido la dependencia del dinero para poder hacer cualquier cosa.

A mi no me gusta jugar a la lotería, pero sí que creo en la suerte, la suerte del que trabaja para merecerla, el tipo de suerte al que se refiere el gran escritor Isaac Asimov en su famosa frase "la suerte favorece sólo a la mente preparada".

El concepto Smart Money tiene mucho que ver con esta frase, porque el dinero no puede ser inteligente en sí mismo, al igual que ocurre con la suerte, la inteligencia está en las personas, en este caso, los inversores que pueden aportar a una empresa mucho más que dinero y los emprendedores que pueden invertir ese dinero de manera inteligente en su empresa para hacerla crecer y llevarla a la rentabilidad.

Descubre si tu startup es invertible

Artículo realizado por Gonzalo Carriazo.

El concepto "invertible" es quizás uno de los más importantes cuando hablamos de financiar startups y conseguir que los inversores se sumen a nuestro proyecto, además es algo que cada vez se escucha más en todo tipo de foros de emprendedores. Y no solo eso, sino que son muchas las ocasiones en las que yo mismo he tenido que explicar a un voluntarioso emprendedor que su proyecto no era invertible, y que debía buscar financiación en otro lugar. A nadie le gusta que le digan que no es "algo", que supuestamente debe ser bueno ya que da acceso a un océano de dinero...

¿Es mejor ser invertible? debo decir que depende. Depende, básicamente, de ti mismo, de lo que quieras para tu vida. Para empezar, lo mejor, de verdad, es que tu negocio sea rentable; dicho en plata: que dé dinero. Y después, ¿quieres montar un negocio, online o físico o lo que sea, que pueda crecer durante años hasta ser un negocio sólido, que te permita en algún momento vivir holgadamente, crear empleo, y que te reporte una satisfacción profesional y personal suficiente, y que si quieres puedas en el futuro dejárselo en herencia a tus hijos? Si eso te parece aceptable... es más, si te parece un sueño maravilloso, la verdad es que ser invertible o no debe darte exactamente igual. No necesitas crecer desaforadamente, ni a toda velocidad, ni ofrecer una rentabilidad desmesurada, ni nada parecido. Quieres crear un negocio, generar riqueza... lo normal, como tantas pymes en este país.

Para la gran mayoría de la gente esto es más que suficiente; es más incluso de lo que muchos desearían. Y está muy bien. Repito: está más que bien. Significa luchar por construir algo nuevo, dar trabajo a la gente, crear riqueza para tu país... en resumidas cuentas, eso es emprender.

Sin embargo hay gente a la que eso no le llena. Desde el principio quieren crecer muy deprisa, lanzar algo que sea muy grande. Algo que despegue como un cohete y que puedan vender en pocos años, para hacerse ricos y jubilarse, o incluso para volver a empezar con otra empresa, o para lo que sea. Estos proyectos son igualmente buenos, pero además sí son invertibles para un capital riesgo. ¿Por qué? Porque la naturaleza del negocio implica crecer mucho y muy deprisa, de tal manera que puede proporcionar la altísima rentabilidad que un venture capital necesita para que le salgan las cuentas. Encima el emprendedor no busca dejárselo a las generaciones venideras sino venderlo, con lo que su alineación con los inversores es total.

Internet posibilita estos gigantes meteóricos, ya que permite la escalabilidad de los negocios, incluso de aquellos que tienen un margen más bajo o no tienen barreras de entrada. Los estamos viendo todos los días: primero fue Yahoo, Amazon, Google... luego Facebook, y Twitter, y Groupon... Y en medio muchas otras, no tan grandes pero en cualquier caso enormes, con millones de clientes, facturando varios millones de euros a los pocos años. Y cada vez se construyen más rápido (Instagram, por ejemplo). En España y América Latina también hay ejemplos: Groupalia, sin ir más lejos, esperaba facturar 100 millones de dólares en 2011, con un año y medio de vida. Antes el capital riesgo invertía en negocios con una barrera de entrada muy clara (una tecnología, una patente, etc.), pero ahora no hace falta, ya que sin esa barrera, pero creciendo rápido, se puede llegar a todo el planeta... gracias a Internet. Y eso nos gusta. Nos gusta, sí, pero no es mejor ni peor que el negocio para toda la vida. Es simplemente distinto, e implica habitualmente un planteamiento vital también distinto.

Pero entonces, ¿qué hace que negocios para toda la vida vayan ahora a buscar dinero al venture capital? ¿Por qué hay que decir a tanta gente que su idea no es invertible, y dejarlos en algunos casos con esa cara de frustración? Hay dos factores importantes. Uno, que no existe otro tipo de financiación. Antes uno construía su negocio, y para dar los primeros pasos pedía dinero al banco. Ahora pedir dinero al banco puede significar dar tus últimos pasos... y en cualquier caso es francamente difícil que lo consigas. Y en segundo lugar, también muy relevante, que este tipo de negocios vertiginosos está de moda, y parece que si montas algo que no va a tener trillones de visitas en dos semanas, ni millones de facturación en un año, no eres nadie. Y no es verdad ,es más, la verdad es justo todo lo contrario: los negocios-para-toda-la-vida sois muy importantes, fundamentales, y si queremos sacar este país adelante, cruciales.

Y no quiero que se me entienda mal: los otros, los que sí explotan como cohetes, lo normal es que estén liderados por unos fuera de serie, fenómenos, dispuestos a toda clase de sacrificios para montar un negocio increíble en cuestión de meses. Para conseguirlo hace falta una ejecución tan sumamente perfecta que solo está al alcance de gente muy buena. Y querer hacerlo para ganar mucho dinero muy deprisa no sólo es perfectamente lícito, sino que está muy bien. Es más, se está demostrando que la gente que lo consigue se vuelca más tarde en ayudar a otros a hacer lo mismo (los famosos business angels), con lo que se genera un ecosistema muy beneficioso. Lo único que quiero decir con este post es que esta no es la única manera de emprender, que se puede emprender de una forma más modesta, sin cientos de miles de euros de los venture capital, con facturaciones que no crecen al 75% anual... y sin necesidad de salir en TechCrunch ni de tener miles de tweets hablando de ti.

Ojo, que quizá tengas algo de suerte y des con la piedra filosofal de tu sector, y después de muchos años de duro trabajo acabes montando una gran multinacional.

¿Cual es el mejor momento para buscar financiación para una empresa?

Ha quedado claro que, para mi, lo mejor es no necesitar financiación, pero esto no es posible en la situación de muchas empresas que tienen que competir en determinados mercados o que no cuentan con las capacidades propias necesarias para sacar su producto al mercado.

Mi visión sobre la situación actual del mercado de las startups en España es contradictoria. Por un lado, veo que estamos batiendo records en número de operaciones, pero por otro lado, me parece que cada vez es más difícil tener éxito, debido a la gran competencia existente y a la pésima situación económica que estamos viendo en España. En lo que al panorama de las startups en América Latina se refiere, creo que la situación tampoco es sencilla. Es cierto que la economía en muchos países está creciendo pero sin embargo, el mercado aún no está preparado para muchas de las innovaciones que quieren proponer las startups y por lo tanto es necesario esperar a que estos mercados maduren.

Con esto no quiero desanimar a nadie, pero hay que ser realistas y pensar que ahora hay que trabajar el doble para obtener la mitad y que cualquier empresa competitiva que se precie de serlo, debe nacer pensando en ser internacional desde el primer minuto. Con estas reflexiones de partida podemos empezar a plantearnos la búsqueda de financiación para nuestra empresa y, para mí, la mejor forma de hacerlo es seguir los siguientes pasos:

En primer lugar tienes que decidir si tu proyecto es "invertible", un aspecto del que hemos hablado anteriormente y sobre el que ha "evangelizado" mucho el inversor Rodolfo Carpintier. La razón principal es que los inversores están hartos de ver como les llegan cantidad de proyectos, que por mucho que queramos los emprendedores, no necesitan financiación. Y el motivo más importante es que el dinero invertido no se va a poder rentabilizar en las cantidades que los inversores esperan. Los inversores no financian "autoempleos", buscan proyectos explosivos que reporten grandes rentabilidades en cortos periodos de tiempo y que puedan vender para recuperar su inversión. Por lo tanto si en tu plan de negocio no queda claro que vayas a poder facturar varios millones de euros en los primeros tres años y obtener rentabilidades de varios cientos de miles, entonces es mejor que autofinancies tu idea y te dediques a vivir cómodamente de ella.

Y en segundo lugar, tienes que saber que el mejor momento para buscar inversión es cuando ya tienes un prototipo funcionando, el MVP del que se habla en la metodología de Lean Startup, lo que te va a permitir demostrar al inversor cómo vas a ganar dinero y sobre todo cómo se va a dedicar el dinero invertido a hacer evolucionar el modelo de negocio.

De esta forma en los últimos años ha quedado suficientemente claro que ya ningún inversor, al menos los profesionales, está dispuesto a financiar ideas ni "powerpoints". Los inversores profesionales y la mayoría de los business angel han pasado a un nivel en el que quieren ver la idea funcionando y tener métricas que permitan obtener una aproximación de la rentabilidad que puede generar la inversión que van a realizar. Esto es lógico teniendo en cuenta la enorme cantidad de proyectos que han surgido últimamente, frente al menor crecimiento que ha habido a nivel de inversores, por lo tanto los pocos que hay prefieren ir sobre seguro y quedarse con las empresas que les ofrecen más garantías. Si estas ideas te han dejado bloqueado, te recomiendo leer sobre lean startup porque podrás descubrir la forma en la que puedes trabajar en las primeras fases de tu startup para ponerte en la situación de ser invertible.

Una vez que hemos comprobado que nuestro proyecto es invertible y que hemos realizado el trabajo necesario para disponer de las métricas que nos van a ayudar a atraer el interés de los inversores por nuestro proyecto, entonces llegará el momento de ponerse a trabajar en la realización de una ronda de financiación. Para poder empezar el trabajo de realización de una ronda de inversión, deberás disponer de un resumen ejecutivo y el plan de negocio de tu empresa medianamente elaborado, aunque no esté completamente terminado, y una presentación para inversores. Y cuando tengas esta documentación hay que empezar con el roadshow, pero no puedes hacerlo si no conoces adecuadamente a los inversores.

Conocer a los inversores es, desde mi punto de vista, la clave del éxito para la realización de una ronda de financiación. Saber a qué inversores tienes que dirigirte, cuáles son sus criterios de inversión y qué van a querer que les cuentes de tu proyecto para que les resulte atractivo invertir en él. Sobre este aspecto tan importante y crucial para el futuro de la empresa profundizaremos en los siguientes artículos de este libro.

¿Cuánto dinero pedir?

En base al artículo anterior, en el que os he puesto el ejemplo de la hormigonera en el balcón, podemos diseñar una estrategia para la realización de las distintas rondas de financiación de nuestra empresa, de la forma más eficiente posible, lo cual nos asegure que la aportación económica por parte de los inversores aporta el mayor valor posible a la estrategia de crecimiento de nuestro negocio.

En este aspecto seguimos con el planteamiento "minimalista" de intentar hacer el máximo de cosas posible con el mínimo consumo de recursos, de manera que habituamos al "organismo" de nuestra empresa a tener el máximo rendimiento con la aportación de pocos recursos económicos, para que funcione de manera altamente eficiente.

Si asumimos esta forma de actuar a la hora de desarrollar nuestra empresa la primera reflexión tiene que pasar por pensar en aquellas necesidades que consideramos que tiene nuestra empresa, que pueden cubrirse sin la necesidad de financiación externa, por ejemplo realizando nosotros como emprendedores el trabajo o incorporando socios a la empresa que tengan la capacidad para hacer el trabajo que nosotros no podemos desarrollar, e incluso a través de alianzas con otras empresas que nos aporten los recursos que vayamos necesitando para asegurar el desarrollo y crecimiento de nuestra empresa.

Hacer nosotros como emprendedores el trabajo que vaya necesitando la empresa, implica que tendremos que aprender a realizar ese trabajo y tener las capacidades correspondientes para realizarlo de manera adecuada. No se trata de una situación que deba perdurar durante largo tiempo porque podría limitar mucho las expectativas de crecimiento de la empresa, en el momento en el que el emprendedor se satura y ocupa demasiado tiempo con las tareas no estratégicas de la empresa. Pero sí que me parece algo positivo de realizar ya que la mejor forma de saber qué se debe hacer en nuestra empresa, es haberlo hecho nosotros primero y sobre todo habernos enfrentado a las dificultades que supone para poder diseñar adecuadamente la estrategia basada en la incorporación de recursos a nivel económico y personal.

Una vez que nos hemos puesto en esta situación de hacer nosotros y nuestros socios, el trabajo en las fases iniciales de la empresa en modo bootstrapping, y cuando hayamos podido evaluar el impacto que supone para el desarrollo de la estrategia de nuestra empresa, será el momento de empezar a pensar en incorporar nuevos recursos para llevar el proyecto al siguiente nivel. Esos nuevos recursos pueden ser en forma de personal incorporando socios, tal y como se comenta posteriormente en el capítulo "No busques inversores, encuentra socios".

La incorporación de socios a nuestra empresa para poder realizar las tareas necesarias para el crecimiento del negocio me parece la mejor opción para la mayoría de las nuevas empresas. Por un lado porque supone una forma de crecimiento orgánica basada en la incorporación de talento, que en mi opinión es la manera más "sana" de crecer, que la que se basa en el pago o compra de negocio por medio de publicidad, marketing o acción comercial. Por otro lado porque nos permite eliminar en esta fase un intermediario, que tampoco aporta tanto valor en los momentos iniciales de la empresa, cuando la incertidumbre respecto al modelo de negocio es muy grande. Ese intermediario habitualmente es el inversor que para minimizar en la medida de los posible el impacto que la incertidumbre supone en su modelo de inversión, intentará imponer unas condiciones que pueden suponer una carga innecesaria en las fases iniciales de desarrollo de un proyecto empresarial.

Frente a la situación a la que se enfrentan muchos emprendedores que buscan incorporar inversores para que aporten el capital necesario para contratar talento, a mi me parece mucho mejor incorporar ese talento por medio de socios, que en lugar de inversores serán parte del equipo que trabaje en el día a día de la empresa. Más adelante ya llegará el momento de incorporar socios inversores que aporten capital, ya sea para contratar más personal especializado o para invertir en otras actividades como puede ser el marketing o la comercialización.

Llegados a este punto donde nos planteamos empezar a incorporar socios financieros a nuestra empresa será donde tendremos que aplicar el criterio de financiar la empresa de manera progresiva y con pequeñas cantidades que irán aumentando en base a las necesidades que vaya requiriendo la empresa, en función del presupuesto realizado para las distintas acciones a desarrollar en el plan de negocio.

Realizar un presupuesto, en base a las necesidades que tiene la empresa para desarrollar su estrategia, me parece la forma más adecuada de proceder de cara a decidir el montante de la financiación que se vamos a necesitar. Por esto creo que es un error que muchas empresas hagan rondas de financiación basadas en las operaciones que han hecho otras empresas similares o en cargarse de fondos, para tener la tranquilidad de no ir agobiados de recursos y tener siempre fondos para afrontar los gastos que nos vayamos encontrando por el camino.

Para mi uno de los principales aspectos negativos de financiar en exceso nuestra startup es que podemos estar vendiendo por adelantado una parte de la empresa, a una valoración baja para lo que puede llegar a ser, cuando la empresa vaya evolucionando. De esta forma cuanto más retrasemos la incorporación de capital a la empresa más valoración va tomando ésta, si logramos una evolución positiva del negocio. Por lo tanto para la misma cantidad de inversión requerida el porcentaje de empresa "perdido" por parte del emprendedor será menor.

En toda esta reflexión me estoy refiriendo a financiación basada en inversión de capital, por parte de inversores que toman una participación de la empresa y pasan a ser socios de la misma. Pero si estuviéramos hablando de financiación en modo deuda entonces el sentido de todo esto que estoy comentando sería aún mayor. Cuanto menos tengas que endeudarte para lograr los objetivos perseguidos mucho mejor, porque esa cualidad que tiene la deuda que adquirimos que nos obliga a devolverla con intereses, muchas veces puede suponer una carga importante que lastra el desarrollo de la empresa, por lo tanto cuanto menor sea la carga mucho mejor para nosotros como emprendedores y por lo tanto para nuestro negocio.

Si aplicas estas ideas y consejos, tu empresa podrá desarrollar un crecimiento más sostenido y sobre todo más "sano", lo que supondrá una mayor garantía de cara a tu futuro como emprendedor y el éxito del negocio que estás poniendo en marcha.

Los emprendedores dicen que no hay capital riesgo

El problema de nuestro ecosistema no es que no haya inversores (que no hay suficientes) ni que no haya dinero (que no hay suficiente), el problema es que no hay suficiente capital de riesgo. El problema es que el dinero que hay no se arriesga y por lo tanto no se mueve. Porque el capital en España estaba acostumbrado a que compraba ladrillo y todo el ladrillo se revalorizaba, durante muchos años en España nada bajaba y eso ha "maleducado" mucho al capital.

La realidad es que ahora las mayores revalorizaciones se pueden conseguir invirtiendo en empresas innovadoras, las tecnológicas, las biotecnológicas, las de internet, pero lo malo es que el riesgo que se asume es mucho mayor. Es como si hace 10 años compraras dos pisos y uno se revalorizara y el otro no. Ahora si inviertes en 10 empresas innovadoras lo normal es que 5 fracasen, 3 vayan tirando y 2 sean un éxito.

Con estos parámetros la mayoría de inversores no se atreven a invertir, principalmente por dos razones. En primer lugar porque no tienen suficiente dinero como para invertir en 10 empresas y poder realizar una adecuada gestión de su cartera. Y en segundo lugar porque les parece dificilísimo tomar la decisión de invertir en empresas sabiendo que lo más probable es que fracasen.

Esto es lo que llevó al cierre de la mayoría de los fondos de venture capital que se crearon en España en los últimos años y lo que hace que no surjan grandes fondos de inversión para realizar operaciones de capital riesgo en España. Como los fondos tenían la obligación de diversificar su inversión, no podían invertir en muchas empresas por sector, y además tenían unos altos costes de gestión, su propio modelo les llevó a tener grandes fracasos y pocos éxitos lo cual hizo que la mayoría fuesen inviables como negocio. Esto podríamos decir que ha llevado en los últimos años a que el sector del venture capital prácticamente haya desaparecido en España.

Aunque no todo son malas noticias al respecto. Ahora empezamos a ver el resurgir del sector, al menos en la parte de internet, gracias a la aparición de nuevas empresas dedicadas a la inversión en startups y que en muchos casos "heredan" la experiencia de business angels que han decidido profesionalizarse y hacer una apuesta mayor por invertir en empresas innovadoras.

Del otro lado nos encontramos con la opinión de estos inversores, que en muchos casos se "quejan" de la falta de buenos proyectos en los que invertir, de lo cual hablaremos en el siguiente capítulo.

Los inversores dicen que no hay buenos proyectos

Desde que los inversores publican en blogs, redes sociales y conceden entrevistas, sabemos mucho sobre cómo piensan de cara a realizar inversiones en startups, a veces sabemos tanto que se convierte en un problema, porque nos puede llevar a pensar que es imposible que se puedan interesar por invertir en nuestra idea de negocio, nuestro proyecto o nuestra empresa.

Uno de los temas recurrentes en los últimos tiempos en el ecosistema de las empresas innovadoras, es la idea que tienen algunos inversores de que en España no existen suficientes proyectos invertibles, para el dinero que tienen disponible para invertir. Como hemos visto anteriormente, los emprendedores decimos lo contrario, que no existe capital riesgo, pero supongo que en el equilibrio está la virtud. Para mi el problema es que en ningún mercado hay suficientes iniciativas en las que se pueda obtener de forma general una revalorización de 10 veces el capital invertido, que es lo que busca el capital riesgo.

Sí que hay inversores que tienen muy claro que tendrán que invertir en muchas empresas para que algunas les produzcan esos ratios de beneficio, lo malo es que hay algunos inversores que solo quieren invertir en las que están seguros que lo van a conseguir y eso no es capital riesgo, parece como si buscaran un plan de pensiones pero además con beneficios en el corto plazo.

Para mi la situación ideal está en buscar el equilibrio a través de trabajar en un método de inversión, en el que se busque maximizar los beneficios y minimizar las pérdidas. Es el método de inversión que utiliza Cabiedes & Partners y que tan buenos resultados le está proporcionando en los últimos años con operaciones tan importantes como las de Privalia, Blablacar y Trovit. Muchos otros inversores deberían aprender de esta sociedad de capital riesgo y sobre todo deberían imitar su forma de acompañar a las startups en su trayectoria hacia el éxito, con capital, no con exigencias, que en muchas ocasiones lo único que consiguen es minar la moral del emprendedor y de su equipo. Pero del papel que debe jugar el inversor para que realmente se convierta en Smart Money, hablaremos más adelante.

Opciones existentes para conseguir financiación para una empresa

La búsqueda de financiación es una de las grandes preocupaciones de los emprendedores, pero como hemos visto en los capítulos anteriores de este libro, no todas las empresas requieren financiación y los requisitos que piden los inversores pueden condicionar enormemente las expectativas del emprendedor a la hora de financiar su empresa. Conocer adecuadamente a los inversores y sus criterios de inversión es fundamental, si como emprendedores consideramos que es necesario contar con su financiación para lanzar nuestras empresas.

Una vez que como emprendedores hemos decidido, en base a los factores que hemos analizado anteriormente, que necesitamos inversión para potenciar el desarrollo de nuestro plan de negocio, es fundamental localizar aquellos inversores que más se adapten a nuestro tipo de empresa y modelo de negocio, para posteriormente desarrollar una estrategia adecuada para "conquistarles". Esta estrategia pasa por demostrarles que nosotros como emprendedores y nuestro equipo somos los más adecuados para convertir nuestra idea en un negocio y que además su dinero será fundamental para conseguirlo.

Los inversores nos necesitan a los emprendedores tanto como nosotros a ellos. Ellos tienen el dinero y nosotros la capacidad para rentabilizar ese dinero, por medio de nuestras ideas. Realizar una ronda de financiación es establecer una colaboración entre el emprendedor y el inversor, para obtener un beneficio mutuo. Si ambas partes tienen los mismos objetivos entonces se están poniendo las bases adecuadas para lograr el éxito con la empresa.

Ahora sí, vamos con los aspectos prácticos y a ampliar la información comentada al comienzo sobre a quién o a dónde podemos acudir para financiar nuestros proyectos.

A continuación podrás conocer las principales posibilidades que en estos momentos tiene un emprendedor para financiar su startup. Vamos a conocerlas para saber cómo utilizarlas y para alguna de ellas dedicaremos secciones específicas dentro de este libro. Para obtener la información práctica con los datos de contacto de muchos de los agentes que forman parte del ecosistema de inversión en empresas innovadoras en España os recomiendo consultar la Guía de Inversión en Startups que hemos realizado en Loogic gracias la campaña de crowdfunding en la que también hemos financiado este libro. Estas son las principales opciones con las que contamos los emprendedores para financiar nuestras empresas:

Autofinanciación y Friends & Family:

Se trata del capital que aporta el propio equipo emprendedor para las primeras fases de desarrollo de su proyecto. Muchos emprendedores deciden dedicar una parte de sus ahorros a la puesta en marcha de su empresa o incluso si deciden dejar su trabajo para crear una empresa, optan por la opción de capitalizar el paro para tener los recursos iniciales para la constitución de la empresa y sus primeras fases de desarrollo.

Igualmente es muy habitual que el emprendedor recurra a familiares y amigos, para que aporten pequeñas cantidades de dinero que complementen lo aportado por el emprendedor. Esas aportaciones de dinero deberían realizarse en forma de préstamo, ya que si el emprendedor las convierte en acciones de la empresa puede ser perjudicial para el futuro desarrollo de las siguientes rondas de financiación, al haber repartido una parte de las acciones a una valoración muy baja. Lo más recomendable es que no se repartan las acciones de la empresa hasta que un inversor profesional pueda participar de cara a realizar una adecuada valoración de la empresa y es en ese momento en el que las aportaciones realizadas por la familia y amigos se puede convertir en acciones a una valoración más profesional para la empresa.

Financiación pública:

Parece mentira el cambio tan radical que se ha producido en el tema de la financiación pública para startups en España y en América Latina. Dinero público para financiar startups hay y quien sea capaz de adentrarse en un mundo de trámites y papeleos puede conseguirlo. La realidad ha sido que la gran mayoría de las empresas innovadoras que han surgido en los últimos 5 años se han financiado gracias a programas como CDTI y ENISA en España, o a los programas correspondientes para innovación o impulso de las startups en muchos países de América Latina.

Mi consejo en este caso es acudir a especialistas en la gestión de este tipo de préstamos ya que el papeleo sigue siendo importante y las probabilidades de conseguir estas ayudas son mayores si se conocen bien los entresijos de cada una de las administraciones. Eso si, que todo el mundo tenga claro que en la mayoría de ocasiones no hablamos de subvenciones sino de préstamos, que tendremos que devolver con intereses y en ocasiones con unas garantías que cada vez están siendo más exigentes. Emprender no es un juego y si buscas financiación tienes que ser muy consciente de las implicaciones que esto conlleva.

La Financiación Bancaria:

Si desde 2008 hasta ahora hemos vivido una gran crisis financiera, liderada por el sector bancario, es lógico que el panorama hasta ahora haya cambiado bastante. Aún así siguen existiendo entidades bancarias a las que podemos acudir en busca de financiación o para participar en algunos de sus programas relacionados con el emprendimiento. En la parte de este libro encontrarás un artículo específico dedicado a las distintas opciones existentes de financiación bancaria en España.

Los Business Angels:

Podríamos decir que han perdido algo de protagonismo en el sector, por distintas razones, entre las que podemos mencionar que algunos de ellos se han profesionalizado, creando empresas de inversión y por lo tanto han dejado de invertir de forma particular y por otro lado porque muchos de ellos se están agrupando a través de entidades como el caso de la AIEI y de Seedrocket, que está haciendo un gran trabajo para apoyar a las startups en España y Latam y que han atraído como mentores a un buen número de los mejores business angel del país. En todo caso siguen siendo actores fundamentales para el ecosistema de las startups y su papel resulta fundamental en las fases iniciales del desarrollo de una empresa. Lo habitual por parte de estos inversores es que participen en forma de coinversión con otros inversores o que participen en las fases iniciales donde se conjuga la autofinanciación de la empresa con la inversión externa tanto de business angel como del capital riesgo.

Los business angels son personas muy selectivas a la hora de elegir empresas en las que invertir, pues al fin y al cabo, se están jugando su dinero en proyectos nuevos en los que existe una gran incertidumbre sobre la viabilidad de su modelo de negocio. Los Business Angels suelen tener experiencia y know how en alguna de las áreas del proyecto y no van, ni mucho menos, a ciegas. El emprendedor ha de trabajar para seducir al inversor y hablar su lenguaje. Para conocer mejor el papel de los Business Angel los emprendedores tenemos que saber que existen redes de Business Angels como las que forman parte la Red Española de Redes de Business Angels, que agrupan inversores privados y facilitan el contacto de éstos con proyectos emprendedores.

Ante todo hay que tener claro que un Business Angel apuesta por proyectos con los que sabe que va a conseguir un buen retorno de la inversión. Por tanto, no busca sólo las mejores ideas, sino equipos con talento que sabe que van a ser capaces de desarrollar sus proyectos. Dar a conocer el equipo es uno de los aspectos que más debemos trabajar de cara a convencer a un Business Angel que apueste por nuestro proyecto.

¿Qué puede aportar un Business Angel para nuestra startup?

Financiación: un Business Angel es la persona que nos ayuda a empezar, sin el cual no sería posible costear los costes de la puesta en marcha de nuestro proyecto. Además de eso, su red de contactos nos facilitará conseguir futuras rondas de financiación por parte de los fondos de inversión o del venture capital.

Confianza y protección: al poseer dinero que invertir, protege tanto el propio proyecto como a los inversores más pequeños que han apostado por la idea.

Orientación: al ser una persona con experiencia en el campo en el que se desarrolla nuestro negocio y con unos intereses bien definidos, el Business Angel evita que el emprendedor pierda foco, abandonando la importancia que tiene el negocio.

Networking: la vida de este inversor gira en torno a los

negocios y por eso, seguro que tendrá una red de contactos sólida que nos puede beneficiar muchísimo. Un emprendedor suele carecer de personas a las que acudir, así que aprovechemos las que nos puede facilitar el inversor.

Conocimiento del mercado: nos aporta la experiencia y el conocimiento dentro del mercado para impulsar mejor nuestro negocio. Además suele tener mayores conocimientos financieros.

Confidencialidad: el Business Angel invierte su dinero, por lo que lo que menos le conviene es difundir tu proyecto para que pueda ser "copiado". La confidencialidad está garantizada.

Para conocer más sobre el papel que pueden jugar los business angel podemos consultar la web de la Asociación Española de Redes de Business Angels: AEBAN.

El capital riesgo:

Aquí es donde sigue estando el meollo de la cuestión, aunque con unos cambios bastante radicales respecto a la situación de 2008 en el comienzo de la crisis económica. Entonces el panorama estaba dominado por empresas de capital riesgo con un componente que podríamos denominar como "tradicional" y entre las que destacaban en España: Adara, Axon, Nazca, Mobius, Nauta, Debaeque, Highgrowth, ... Ahora muchos de esos fondos han pasado a periodos de desinversión y no tienen capacidad para seguir invirtiendo en startups. Aunque alguno de ellos haya realizado alguna inversión recientemente, lo cierto es que el panorama no pinta muy bien excepto en casos como los de Axon y Nauta que siguen siendo dos de los grandes venture capital de nuestro país.

Pero por suerte para los emprendedores y para el sector en general, en los últimos años también han surgido una serie de empresas que han venido a dar el relevo a las comentadas anteriormente y que sobre todo se caracterizan por conocer mucho mejor el sector de internet. En algunos casos son empresas que surgen como profesionalización de la actividad de Business Angel de éxito, lo cual es una garantía de cara a la selección de proyectos y de minimizar de alguna forma, si es esto posible, los grandes fracasos que han supuesto algunas de las inversiones de capital riesgo de los últimos años. Ahora se invierten cantidades menores, pero de una forma más razonable y sobre todo más paulatina, tenemos sociedades de capital riesgo que no están obligadas a realizar inversiones millonarias para mantener su estructura y que por lo tanto son más viables que las anteriores y están empezando a cosechar muy buenos resultados. Un nivel por encima, en cuanto a capacidad de inversión se refiere, nos encontramos a empresas que gestionan importantes fondos de inversión y que se han mostrado muy activas en los últimos años realizando inversiones tanto en España como en América Latina.

El capital riesgo se trata de una inversión, con carácter temporal, en el capital de las empresas. Esta inversión tiene el objetivo de apoyar en la creación de nuevas empresas y de potenciar el crecimiento de empresas ya establecidas, el capitalista de riesgo persigue la obtención de una rentabilidad procedente de la posterior venta de su participación en el capital de la empresa. Para conocer más información sobre el mundo del venture capital y capital riesgo podemos consultar la web de la Asociación Española de Entidades de Capital Riesgo ASCRI.

A continuación podéis conocer la definición detrás de las figuras más importantes en el mundo del capital riesgo, las SCR, los fondos y los family office.

Las Sociedades de Capital Riesgo SCR:

Se trata de sociedades anónimas cuyo objeto social principal consiste en la toma de participaciones temporales en el capital de empresas no financieras cuyos valores no coticen en el primer mercado de las Bolsas de Valores. Estas sociedades podrán facilitar préstamos participativos, así como otras formas de financiación, en este último caso, únicamente para sociedades participadas, y realizar actividades de asesoramiento. El capital social suscrito mínimo será de 1.200.000 euros, debiéndose desembolsar en el momento de su constitución, al menos, el 50 por 100 y el resto, en una o varias veces, dentro del plazo de tres años desde la constitución de la sociedad. Los desembolsos del capital social mínimo deberán realizarse en efectivo, en activos aptos para la inversión de las entidades de capital-riesgo o en bienes que integren su inmovilizado, no pudiendo superar estos últimos el 20 por 100 de su capital social.

Los Fondos de Capital Riesgo:

Son patrimonios administrados por una sociedad gestora, que tendrán el mismo objeto principal que las sociedades de capital riesgo, correspondiendo a la sociedad gestora la realización de las actividades de asesoramiento previstas. El patrimonio inicial será de 1.652.783,30 € y las aportaciones para la constitución inicial y posterior del patrimonio se realizarán exclusivamente en efectivo. El patrimonio, dividido en participaciones nominativas de iguales características, tendrá la consideración de valores negociables y podrán estar representadas mediante títulos o anotaciones en cuenta. La dirección y administración se regirá por lo dispuesto en el Reglamento de Gestión de cada Fondo, debiendo recaer necesariamente en una sociedad gestora de Entidades de Capital Riesgo o en una sociedad gestora de Instituciones de Inversión Colectiva.

Los Family Office:

Son una oficina (o un servicio ofrecido por un departamento de una entidad que ofrece soluciones de banca personal o privada, para altos patrimonios), que gestiona íntegramente el patrimonio familiar, diferenciándose del patrimonio de la propia empresa familiar, esto es: las inversiones financieras, inmobiliarias y empresariales, la fiscalidad, la sucesión, la planificación global, etcétera. Concretamente, los servicios que debe prestar un auténtico family office son: distribución del patrimonio por activos, ejecución de operaciones, gobierno de compañías participadas, gestión de la cartera financiera, planificación fiscal y valoración y planificación.

Dónde encontrar inversores para tu empresa

Cuando participo en charlas en las que puedo intercambiar impresiones con otros inversores y emprendedores resulta bastante habitual que surja el tema de que cada vez resulta más fácil conseguir inversión para una nueva empresa. Quizás la palabra fácil no es la más adecuada, pero si que es cierto que el cada vez hay más operaciones de inversión en empresas de emprendedores y sobre todo que cada vez hay más dinero para invertir en empresas innovadoras. Además de estas razones creo que hay una que no se tiene tan en cuenta pero que en mi opinión resulta muy relevante de cara a lo que está sucediendo en nuestro ecosistema, donde cada vez hay más emprendedores que consiguen inversión para sus empresas. Esa razón está relacionada con las múltiples opciones existentes para conocer inversores y llamar su atención.

Si hace 10 años comenzó a reactivarse el ecosistema del emprendimiento tecnológico en España, en esos momentos apenas teníamos la opción del networking para lograr acceder a los inversores, a los que teníamos que conocer por recomendación de algún amigo o a través de alguna organización en común como puede ser una universidad o una escuela de negocios. Ahora sin embargo han aumentado enormemente las opciones posibles para que un emprendedor pueda conocer inversores, sin ir más lejos en el evento Smart Money que organizamos desde Loogic, el emprendedor que asista tiene la oportunidad de conocer a más de 100 inversores a los que hablarles de su proyecto de empresa.

Los eventos de networking son una de las mejores opciones para conocer inversores, pero sin duda no es la única e incluso quizás no sea la mejor, a continuación podrás conocer algunas otras opciones, que de manera combinada, pueden reportarte un resultado excelente de cara a encontrar los inversores que buscas para que inviertan en tu empresa

En Linkedin. Es curioso que empiece por una red social en lugar de por otras opciones, que seguramente para la mayoría de la gente pueden ser más relevantes, pero la realidad es que esta red social se ha convertido en una de las opciones más eficientes para conocer inversores, incluso para gestionar todo el proceso de inversión. Lo primero que tenemos que tener en cuenta y que quizás os sorprenda, es que los inversores son muy receptivos a los contactos de emprendedores que reciben a través de Linkedin, siempre que esa toma de contacto sea adecuada, la receptividad es muy alta porque para el inversor resulta una forma muy cómoda de gestionar el dealflow que va recibiendo y le evita otras formas de contacto que pueden ser menos eficientes a nivel de gestión. Por lo tanto como emprendedores tenemos en Linkedin un gran aliado y seguramente valga la pena que aprendamos a sacarle todo el potencial porque el beneficio para nosotros puede ser muy alto. Por ejemplo con una opción tan sencilla como la que nos ofrece de poder ver los contactos relacionados que otros usuarios vieron tras visitar un perfil concreto, podemos ir "tirando del hilo" y encontrar muchos inversores si partimos de alguno que esté muy bien conectado en el ecosistema.

En su propia web. Esta es una de las opciones que hace unos años no existían y que ahora es muy habitual, a la vez que útil. La mayoría de los fondos de inversión que participan en nuevas empresas cuentan con una web donde exponen sus criterios de inversión, dan a conocer las empresas en las que han invertido y cuentan con un formulario de contacto a través del cual podemos hacerles llegar nuestro proyecto, para que lo estudien y nos digan si les puede interesar hablar con nosotros sobre ello. En una toma de contacto de tipo virtual, como es este caso, es importante que el objetivo sea poder llegar a establecer una comunicación más directa, ya sea por teléfono o de manera presencial, lo que nos permita poder explicar mejor nuestro proyecto y sobre todo poder transmitir al inversor el interés que podemos tener en que nos apoye participando en nuestra empresa.

En eventos de networking. Tal y como he comentado anteriormente creo que esta es la opción más interesante y también la más utilizada, sobre todo porque en conjunto es la que más oportunidades ofrece para que un emprendedor se encuentre con inversores a los que hablarles de su proyecto. Está claro que por ejemplo un foro de inversión tiene un enfoque mayor en el aspecto de la financiación, sin embargo suelen estar más limitados en cuanto a las posibilidades de que los emprendedores se presenten y sobre todo la asistencia de inversores no suele ser muy alta en muchos de los casos. Por lo tanto los eventos de networking en los que participan inversores son muy buena opción para conocerles, darles una tarjeta de visita, conseguir la suya y empezar a establecer una relación que pueda desembocar en una futura inversión en nuestra empresa. Mi principal consejo para este tipo de eventos es que lo preparemos bien, tanto el antes, como el durante y sobre todo el post evento. Para ello tenemos que planificar nuestra estrategia sobre cómo nos vamos a presentar a los inversores, tenemos que ser convincentes cuando hablemos con ellos y tras el evento tenemos que hacer lo posible para conseguir una reunión privada donde poder convencerles para que inviertan en nuestra empresa. En capítulos posteriores de este libro explicaremos con más detalle cómo debe realizarse una presentación para inversores.

En foros de inversión. No cabe duda de que se trata de la opción más específica y más enfocada a la captación de inversión por parte de los emprendedores. Pero no debemos olvidar que la mayoría de estos foros se organizan para que los inversores puedan conocer proyectos en los que invertir, por lo tanto nosotros como emprendedores no vamos a tener mucho control sobre lo que sucede y nos lo jugamos todo en una presentación que puede durar entre 5 y 10 minutos, por lo que muchas veces la parte "estética" de cómo hagamos la presentación puede convertirse en la principal razón del éxito o fracaso para nosotros. Por suerte para los emprendedores existen muchos foros de inversión, por ejemplo las escuelas de negocio organizan algunos de los más importantes que tenemos en España. En la Guía de Inversión en Startups de

Loogic puedes encontrar un listado con los más importantes y a través de sus webs puedes presentar tu solicitud para poder optar a presentar tu empresa a los inversores que participan en ellos.

En los demo day de las aceleradoras. Esto lo podemos considerar como una variante de los foros de inversión, pero con la ventaja de que se produce en un ambiente más amigable para el emprendedor y sobre todo porque la aceleradora se habrá preocupado por formarnos adecuadamente, para hacer una buena presentación ante inversores. Ojo que no tenemos que cometer el error de "maquillar" excesivamente la apariencia de nuestra empresa porque puede haber inversores que desconfíen de esa falta de naturalidad y prefieran no tener en cuenta este tipo de exposiciones. En toco caso para mi resulta de gran utilidad que como emprendedores podamos disponer de este tipo de recursos y siempre viene bien que el emprendedor valore la aportación que puede recibir en una aceleradora, tanto a nivel de formación, mentoring y sobre todo en este caso por el acceso a inversores.

En concursos de startups. Se trata de una opción que podríamos considerar secundaria en lo que a entrar en contacto con inversores se refiere, pero que sin embargo tiene una gran utilidad para este fin. Por un lado porque en muchas ocasiones en el jurado de este tipo de concursos se pueden encontrar inversores que a buen seguro le prestarán mucha más atención a nuestro proyecto al tener que evaluarlo para poder emitir su voto. De esta forma el inversor no sólo nos conoce, sino que además nos va a estudiar y fruto de esta situación puede surgir la oportunidad de que tras el concurso quiera tener una reunión con nosotros para valorar una posible inversión en nuestra empresa. Por otro lado también hay que considerar la repercusión mediática que podamos lograr para nuestra empresa, gracias a nuestra participación en uno de esos concursos, sobre todo si conseguimos ganar, el impacto puede ser importante y eso nos puede ayudar a aparecer en medios de información financieros donde a buen seguro que habrá inversores que nos puedan conocer.

Haciendo crowdfunding. Esta opción puede ser la más desconocida para muchos, pero sin embargo está demostrando una gran efectividad. Inicialmente como comentaremos en otros apartados de este libro, el crowdfunding nos sirve tanto para validar una idea de negocio como para conseguir la financiación inicial necesaria para poner nuestro producto en el mercado. Sin embargo existe otra utilidad que inicialmente no puede parecer tan directa y que es la posibilidad de llamar la atención de inversores profesionales, una vez que hemos demostrado que podemos tener éxito haciendo crowdfunding. Si uno de los principales criterios que suelen poner muchos inversores profesionales para participar en una nueva empresa es que esta tenga un modelo de negocio validado, el crowdfunding resuelve esa necesidad, ya que en la campaña de crowdfunding ha habido muchas personas que han confiado en la empresa y el emprendedor. De esta forma son muchos los emprendedores que tras hacer una campaña de crowdfunding han llamado la atención de inversores que han acabado invirtiendo en su empresa en posteriores rondas de inversión. El ejemplo más representativo de esta situación es el de la empresa Oculus, que tras lograr un notable éxito realizando una campaña de crowdfunding en la plataforma Kickstarter, posteriormente logró inversión de profesionales y finalmente fue comprada por la empresa Facebook por una valoración de 2.300 millones de dólares.

En Loogic. Permitidme este momento de autopromo, pero la verdad es que pienso que para un emprendedor resulta de gran utilidad poder leer en Loogic las noticias de las inversiones que se van produciendo cada día ya que de esta forma se puede conocer cuáles son los inversores que están más activos, en qué tipo de empresas invierten, en qué tipo de operaciones suelen invertir y otra serie de aspectos, que resultan de gran utilidad de cara a plantearse la realización de una ronda de inversión. Por lo tanto leyendo Loogic a diario seguro que vas a descubrir un montón de cosas que te van a resultar de ayuda en el proceso de financiación de tu empresa.

No busques inversores, encuentra socios

Uno de los errores más comunes que se producen en el mundo de las nuevas empresas es que el emprendedor busca financiación demasiado pronto y esto se produce sobre todo porque tiende a pensar que estando solo no puede hacer nada o que con sus propios recursos no se puede llegar a hacer nada relevante a nivel de negocio. Pero la realidad nos demuestra que es mucho mejor que en las fases iniciales de desarrollo de una empresa el emprendedor se enfrente en solitario a los retos que vayan surgiendo y en el caso de necesitar ayuda para afrontarlo lo haga con los recursos, en forma de trabajo, de socios, no de inversores.

Podemos pensar en esta situación a través de un ejemplo. Si una de las primeras cosas que tiene que hacer un emprendedor es saber si la idea que ha tenido puede tener sentido en el mercado, podríamos utilizar un modelo tradicional y querer realizar un estudio de mercado, a ser posible realizado por una prestigiosa consultora, que aporte grandes dosis de confianza cuando se trate de convencer a los inversores de que el negocio que tenemos entre manos puede ser muy relevante. La otra opción es que el emprendedor salga a vender su idea al mercado desde el primer día y se enfrente a la realidad de tener que convencer a los que serán sus futuros clientes, aunque para ello tan solo cuenta con una idea de lo que será su producto o servicio. Esto último es lo que que promueve la metodología para la creación de empresas Lean Startup y que si aplicamos en las primeras fases de desarrollo de nuestro negocio nos permitirá gastar menos y cometer menos errores que en la forma convencional de crear las empresas.

En estos días donde vivimos el auge de la economía colaborativa y donde compartir es la palabra de moda: compartir coche, compartir casa, compartir espacio de trabajo, incluso compartir el dinero. Coworking, crowdsourcing, crowdfunding son palabras cada vez más usadas por los emprendedores y que para la puesta en marcha de una startup cobran todo el sentido si hablamos del co-funding. Ahora que estamos comprobando los grandes beneficios que nos aporta la economía colaborativa, a la hora de reducir costes y eliminar ineficiencias, en parte gracias a prescindir de intermediarios tradicionales, que eran los principales culpables de esas ineficiencias, es el momento de que los emprendedores apliquemos esta tendencia también en el funcionamiento de nuestras propias empresas.

Aplicar la economía colaborativa al funcionamiento de una startups en sus fases iniciales supone prescindir del inversor como el intermediario que aporta el capital que necesitamos los emprendedores para contratar al equipo necesario para desarrollar nuestro proyecto. Sustituimos al inversor por equipo y eliminamos la inversión como intermediario, a cambio de tiempo de producción que dedican los trabajadores que pasan a convertirse en socios de la empresa. En lugar de buscar inversores para que aporten el dinero para contratar gente a cambio de convertirse en socios de la empresa tomando una participación equivalente a la aportación económica realizada, lo que vamos a hacer es buscar socios que aportan trabajo y eliminamos la ineficiencia en forma de gastos, comisiones e intereses, que siempre existen cuando un inversor se incorpora como socio en una empresa.

Con esta forma de proceder se introduce un sistema más lógico de funcionamiento de una empresa en sus fases iniciales, no se elimina la función del inversor que tiene todo el sentido, cuando es necesario afrontar inversiones que no pueden realizar los socios por medio de su trabajo y además se aporta una mayor utilidad al capital invertido, una vez que el emprendedor y sus socios han encontramos aquello en lo que vale la pena invertir el dinero de los inversores para hacer la empresa crecer.

El gran problema de muchos emprendedores es que al incorporar inversores, en fases muy iniciales de su empresa, no desarrollan por sí mismos todo su potencial de trabajo y generan una "dependencia" del capital para una serie de actividades en las que en realidad tan solo hacía falta inteligencia y trabajo. De esta forma muchas empresas asumen dependencias tan altas del capital que cuando realmente es necesario invertir para crecer no han sido capaces de demostrar a los inversores que el negocio puede llegar a ser eficiente, excepto si se dedican grandes cantidades de dinero, lo que supone un riesgo que en la mayoría de ocasiones el inversor no está dispuesto a asumir.

Si el emprendedor puede demostrar que con sus propios recursos y el trabajo de sus socios que constituyen el equipo de la empresa puede llegar a generar un negocio sostenible, el inversor estará dispuesto a arriesgar mucho más, porque tendrá la seguridad de que su capital se multiplicará en los ratios de rentabilidad esperados. Si por el contrario se observa que en la empresa una parte muy importante de su dinero se va a "quemar" en el funcionamiento, como si fuera el rozamiento entre las piezas que componen la maquinaria de la empresa, el inversor no va a estar dispuesto a apostar por la empresa. En este sentido los inversores esperan que su dinero sirva como combustible para impulsar la maquinaria y quieren que esta maquinaria se encuentre perfectamente engrasada gracias al trabajo de los socios, eliminando el rozamiento que vuelve ineficientes muchas empresas, que no son capaces de funcionar por sí mismas sin que se les inyecte capital externo.

Cómo presentar una empresa a un inversor

Cuando vamos a negociar con un inversor de cara a la realización de una ronda de financiación es fundamental tener claro lo que queremos comunicar. Un inversor puede encontrarse con cientos de proyectos, por eso es importante ser concisos, explicar en pocos pasos qué quieres hacer y saber "venderte". Al fin y al cabo tú como emprendedor, eres la mejor carta de presentación de tu proyecto y por muy buena que se la idea, si no sabes venderla, no lograrás tu objetivo. Haz tuya la máxima "keep it simple" y presenta las cosas claras y sin complicaciones. Veamos cómo hacerlo.

¿Qué debes explicarle a un inversor?

Lo habitual al presentar un proyecto es apoyarnos en una presentación que explique de una forma visual nuestro argumento. El objetivo es despertar el interés del inversor y argumentar por qué debe invertir en nuestro proyecto, debemos despertar en él el deseo de apostar por nosotros y que sienta que "no puede perder esta oportunidad". Lo más importante es atraerle desde el principio. El primer minuto es el más importante, por eso es fundamental preparar un discurso, claro, conciso y bien articulado.

Y algo fundamental, realiza diapositivas con poco texto y pocos numeros. Recuerda que las diapositivas deben ser sólo un guión de lo que tú vayas a explicar. Los inversores deben centrarse en ti, no en un texto enorme que se cansarán de leer. A continuación podrás conocer los contenidos que debe tener la presentación para inversores:

Introducción: en la primera slide debes explicar de qué tipo es tu empresa y los pilares en los que se sustenta. Los puntos que debes tratar son: a qué se dedica la empresa y cuál es el mercado en el que opera; quiénes son los impulsores o fundadores; el estado actual de la compañía, en qué situación se encuentra. Aquí debes incluir información sobre los productos que tiene, los clientes y la facturación.

Producto: es por lo que va apostar el inversor. Explica qué es y qué lo hace diferente al resto. Los puntos que debes tratar son: qué es tu producto y cuál es la necesidad o el problema que soluciona. Puedes introducir un caso a modo de ejemplo; ventaja competitiva del producto: los inversores apuestan por productos diferentes y con un valor diferencial. Explica por qué tu producto es mejor y qué lo diferencia del resto del mercado, en caso de que ya existan productos parecidos; los clientes: personas a las que va dirigido tu producto y por qué están dispuestos a pagar por ello.

Equipo: es uno de los elementos más importantes en un proyecto. Ya hemos hablado de lo importante que es que el emprendedor tenga la capacidad de vender su idea al propio equipo que va a hacer posible su desarrollo, para atraer a las personas más competentes para que trabajen contigo. Si quieres tener éxito con tu startup tienes que rodearte de los mejores socios y profesionales.

Puntos que debes tratar en esta parte de la presentación: resumen que explique quién forma el equipo y cuáles han sido sus fundadores; los business angels y socios relevantes que apoyan tu proyecto. Es muy atrayente que el inversor vea que tienes importantes personas detrás que ya han confiado en tu idea; asesores o consejeros para tu compañía y sus características; implicación del equipo e inversión total que se ha realizado. La dedicación es algo que se valora mucho, porque hace una idea de lo implicado que estás en ese proyecto; en el caso de que tengas experiencia en montar startups es una aspecto importante a resaltar ya que será un punto muy a tu favor; además debes indicar tu experiencia laboral en torno al campo por el que apuesta tu proyecto.

Mercado: si quieres que apuesten por tu startup, muestra una buena oportunidad de negocio. El lugar que ocupe tu proyecto dentro del mercado es uno de los puntos más atractivos de un proyecto emprendedor, sin embargo es poco habitual que un emprendedor ofrezca un análisis claro del mercado. Estos son los aspectos que debes explicar sobre el mercado y la oportunidad de negocio que supone: el tipo de mercado y sus oportunidades de expansión, no olvides añadir datos y estadísticas sobre la situación en la que se encuentra el mercado; la cadena de valor del mercado y dónde se encuentra nuestra startup y especificando cuál es tu cliente dentro de esa cadena de valor; la situación de la competencia, sin evitar nombrar a las empresas que forman la competencia, porque siempre existen y nombrarlas no es negativo; un inversor valorará que seas consciente de la situación real, a los competidores siempre hay que tenerlos en cuenta; el modelo de negocio y el precio que cobramos por el producto. Es muy importante realizar un razonamiento lógico de todas estas cifras.

Finanzas: el dinero siempre es un gran interrogante dentro de la empresa por eso no debes tener miedo de decir cuánto dinero necesitas, al contrario, ya que el conocimiento de esas cifras demostrará al inversor que tienes totalmente controlado tu negocio y sabes lo que quieres. En esta parte debes incluir la previsión de los datos financieros que esperas en los próximos años. Ventas y datos reales de negocio de los últimos años y proyecciones a varios años vista; el capital que has invertido hasta ahora y el dinero que crees que necesitas; el objetivo de la inversión donde se debe explicar qué pretendes hacer con ese dinero y a qué lo destinarás a grandes rasgos.

Además en la presentación es positivo hablar sobre cuál será el Exit para el inversor e incluso indicar al inversor el "exit" que puede tener su financiación y las ganancias que se espera que le generen a medio plazo la inversión en la empresa. Este último aspecto es complejo para el emprendedor pero es importante que el inversor vea claramente que el emprendedor está motivado para reportar un importante beneficio por la apuesta y el riesgo asumido por el inversor.

¿Cuánto debe durar la presentación a un inversor?

La duración ideal para realizar una presentación es de 20 minutos. No olvides que debes dejar tiempo suficiente para las preguntas, que si tu proyecto ha interesado, serán muchas. La duración estándar de estas presentaciones suele ser de una hora con preguntas incluidas. En el caso de que los inversores no realicen preguntas el emprendedor puede aprovechar para comentar algunos otros aspectos secundarios de la empresa que quizás despierten de nuevo el interés del inversor por realizar nuevas preguntas.

Ideas que no pueden faltar en tu presentación ante inversores:

Artículo realizado por Gonzalo Álvarez Marañón.

Una sólida estructura es el fundamento de una presentación coherente. No basta con seleccionar ideas relevantes, además hay que ordenarlas en un todo bien hilvanado, siguiendo un hilo narrativo que ayude a comunicar tu mensaje. A la hora de describir tu proyecto ante inversores, te propongo el siguiente orden, aunque por supuesto puedes sentirte libre de modificarlo. Sí considero importante incluir al menos todos los puntos mencionados.

Problema: empieza siempre explicando el problema que resuelves: cuál es la verdadera dimensión del dolor de tu usuario/cliente, qué importancia tiene para él encontrar una solución al mismo. Una buena forma de empezar tu presentación es introducir el problema a través de una historia real. No empieces explicando tu proyecto desde lo que sabes hacer sino desde la necesidad del cliente. Evita aparecer como una solución en busca de un problema.

Usuarios/Beneficiarios: describe ahora quiénes son exactamente aquellos que experimentan el problema: cuántos son (tamaño), si está creciendo (tendencia) y cómo es (perfilado).

Solución/Proyecto: explica cómo aliviar ese dolor y el sentido que tiene lo que haces. Describe brevemente sin entrar en detalles cómo funciona tu proyecto. Debe quedar claro cómo planteas llevar la idea a la práctica. ¿En qué se diferencia tu solución de otras parecidas? ¿Cuál es su magia, su ingrediente secreto? Aquí puedes ilustrarlo con una historia de cómo un usuario vio felizmente satisfecha su necesidad. Asegúrate de que tu audiencia entiende con claridad lo que estás haciendo y tu propuesta de valor. No sucumbas a la tentación de abrumarla con explicaciones técnicas en profundidad. Simplemente ofrece la clave de cómo solucionas el problema.

Competencia: no estarás solo en este dominio. Ofrece un panorama completo de la competencia: otras organizaciones y empresas que resuelven total o parcialmente el mismo problema. Demuestra que las has investigado, que conoces sus dinámicas y a los actores en juego. ¿Qué hueco te dejan? ¿Qué parte del problema aún no solucionan o solucionan deficientemente? Nunca desprecies al resto de competidores. Todo el mundo (clientes, inversores, empleados) quiere oír por qué eres bueno, no por qué la competencia es mala.

Equipo: una idea no vale nada sin la ejecución. Lo que de verdad diferencia a unos emprendedores de otros es su capacidad para ejecutar la idea. Cuenta quiénes sois y qué os diferencia del resto. ¿Qué os hace únicos para resolver esta necesidad?

Modelo de negocio: posiblemente sea ésta la parte más importante de una presentación ante inversores. Explica cómo piensas gestionar el dinero al resolver el problema. ¿Cuáles serán tus fuentes de ingresos? ¿Quién te paga? ¿Cuáles serán tus costes? ¿Cómo evolucionarán esas cantidades en los próximos años? Aquí puedes dejar caer los nombres de las organizaciones que ya están invirtiendo en tu negocio.

Marketing: explica cómo vas a conseguir que sepan de tu existencia y te vean como el mejor prestador de ese servicio para ese colectivo (estrategias comerciales, publicitarias, etc.) y cuáles son tus factores clave de marketing. Convence a la audiencia de que tienes una estrategia efectiva para penetrar en el dominio en cuestión.

Hoja de ruta: cuenta qué has hecho hasta ahora, cuál es tu situación actual y cuáles son las perspectivas para el futuro cercano. Explica cómo reaccionarás a la evolución del mercado, qué nuevos servicios/funcionalidades esperas ofrecer.

Necesidades: ¿Qué te falta para realizar tu sueño? ¿De qué recurso clave no dispones aún? Formula tu petición. Sé meridianamente claro. A veces da vergüenza pedir las cosas con franqueza. Evita las ambigüedades. Define exactamente para qué quieres cada euro del dinero que pides. Sé preciso y realista en las cantidades. Te servirá para concluir con predisposición a la acción.

Retorno: tu audiencia no está formada por los usuarios de tu producto, sino por los inversores en tu proyecto. Buscas seducir a inversores, no a clientes. ¿Cómo esperas hacer crecer el valor de la empresa? No es lo mismo un proyecto rentable que invertible. ¿Qué tienes que ofrecerles? ¿Por qué deberían invertir en ti? ¿Qué sacan ellos?

El objetivo de esta presentación no es que inviertan ya, sino que queden contigo para una segunda presentación más detallada. No intentes contarlo todo. Despierta el interés por más.

Consejos para realizar con éxito una presentación para inversores:

La presentación de tu empresa resulta clave en la búsqueda de financiación. Si nos referimos a las empresas innovadoras, o a startups cuando se trata de empresas que desarrollan tecnología, ya sea en Internet o en otros campos como puede ser la biotecnología o la energía, es bastante frecuente que este tipo de empresas tengan que realizar varias rondas de financiación que les permitan desarrollar su producto y ser competitivas en el mercado en el que se van a desarrollar.

Y para poder financiar una startup son muchas las acciones que el emprendedor tiene que llevar a cabo, por ejemplo de cara a validar su modelo de negocio o realizar una buena presentación para inversores que ayude a convencerlos de que van a apoyar un proyecto ganador en el que van a obtener una importante rentabilidad para su dinero.

La presentación para inversores se convierte de esta forma en una de las principales herramientas del emprendedor para obtener financiación para su empresa. Otras herramientas o recursos pueden ser el resumen ejecutivo, el plan financiero, el plan de marketing y todo ello suele englobarse dentro del denominado plan de negocio.

En lo que a la presentación para inversores se refiere me gustaría darte algunos consejos que considero te pueden resultar de utilidad para tener éxito en la búsqueda de financiación.

Adapta la presentación a cada inversor: en primer lugar es fundamental que cada presentación que realices ante inversores esté adaptada al público al que la vas a realizar, en este caso los inversores. Lo importante es que sepas muy bien y conozcas a quiénes vas a realizar la presentación, cuáles son sus intereses, sus motivaciones y sus criterios de inversión, entre otras cosas. La presentación para inversores puede hacerse en privado frente a un inversor o a un grupo de inversores o también puede hacerse en público en lo que se denomina foro de inversión, que son abundantes en el ecosistema emprendedor.

Háblales de dinero: una vez que sepas cuál es el público al que vas a realizar tu presentación llega el momento de preparar un documento que represente lo mejor posible el estado de tu plan de negocio y las necesidades financieras que tienes al respecto. Nunca olvides que estás haciendo una presentación para buscar financiación, que no se trata de una presentación a clientes ni a partners, sino a inversores. Por lo tanto, el objetivo es convencerles de que deben invertir en tu empresa y para ello has de hablarles de dinero: cuánto necesitas, a qué lo vas a dedicar, qué rentabilidad pueden obtener de su inversión. Está claro que esto último no puedes saberlo, pero sí que al menos debes decirles cuáles son tus planes para que ellos rentabilicen su dinero: si vas a vender la empresa, sacarla a bolsa, devolverles el dinero con intereses recomprando sus acciones o por medio de los dividendos de la empresa.

Muestra seguridad para convencer a los inversores: en la presentación para inversores es fundamental que te muestres completamente convencido del negocio que tienes entre manos. Debes conocer a la perfección todos los aspectos relacionados con tu negocio. A los inversores les encanta que les hables de cifras de negocio y que por ejemplo les aportes miles de datos sobre la actividad de tu empresa. Cuanto más seguro estés de lo que cuentas, más seguridad vas a transmitir a los inversores. Ten en cuenta que los inversores se caracterizan por su enorme aversión al riesgo: ellos no emprenden porque prefieren invertir en proyectos de emprendedores que amen el riesgo, porque en el mundo de las startups se cumple totalmente lo que se dice de que "el que no arriesga no gana".

Errores de los emprendedores al presentar ante inversores:

A continuación podéis conocer algunos de los principales errores de los emprendedores al presentar sus proyectos ante inversores que el experto en presentaciones Gonzalo Álvarez, ha recopilado en base a su experiencia y la de algunos otros expertos consultados.

No te has enterado todavía de quién es tu audiencia: a lo largo de tu aventura empresarial, hablarás como mínimo ante tres audiencias bien diferenciadas: potenciales clientes, socios o inversores. Aunque siempre cuentas el mismo proyecto, no lo haces de la misma forma ni pones el acento en los mismos aspectos.

No has investigado a tu audiencia: normalmente conseguirás la oportunidad de hablar ante un solo inversor o ante un reducido grupo. Debes investigarlos a fondo previamente para conocer sus actitudes, preferencias, conocimientos y perfil de inversión.

No escuchas al inversor: los inversores buscarán y encontrarán fallos en tu proyecto. Puede que tu proyecto no sea invertible aunque sea viable, puede que el modelo de negocio aún esté inmaduro, puede que tus estimaciones de crecimiento sean infundadas o puede que carezcas de escalabilidad. Ellos te ayudarán a descubrir agujeros en tu negocio y a mejorarlo.

No tienes claro tu objetivo: en una primera presentación, tu objetivo no es conseguir financiación, sino despertar suficiente interés como para concertar una segunda cita. No se trata de contarlo todo, sino de despertar la lujuria por más. Una presentación es un acto de seducción.

Hablas más de tu producto/servicio que del modelo de negocio: te apasiona tanto tu idea que hablas más sobre ella que sobre cómo vas a generar dinero. Recuerda que el inversor busca cómo multiplicar su inversión y el exit, no cómo usar tu tecnología.

No has hecho los deberes: los inversores profesionales quieren que les cuentes qué necesidad resuelves (mercado), cómo lo estás haciendo ya (proyecto en marcha), por qué eres el adecuado (equipo), qué necesitas para seguir adelante (inversión) y cómo planeas ganar dinero (modelo de negocio). El mayor error es acudir a la presentación sin un modelo de negocio claro.

No has madurado tu idea: tu idea no vale nada. Tú eres quien vale. El inversor invierte en ti más que en tu proyecto. Quiere constatar tu capacidad de desarrollar la idea y de ejecutarla. No acudas con una servilleta, acude con una web que ya está funcionando.

No vas al grano: normalmente dispondrás de muy poco tiempo para hablar con los inversores, a lo sumo 15 minutos. Elimina los detalles innecesarios y céntrate en lo que el inversor desea escuchar. No hables de lo que te interesa a ti, sino de lo que le interesa a tu audiencia.

No piensas lo que dices: el inversor busca en tu presentación razones para no invertir. No le des ninguna. Ni se te ocurra decir cosas como "No tenemos competencia", "Nos va a comprar Google", "Nadie ha hecho nada parecido antes", "Somos el mejor equipo", … y ¡no menciones a los chinos!

Tu presentación es un desastre: transparencias llenas de texto y de tablas Excel diminutas, imágenes irrelevantes, falta de estructura y organización, pretender contarlo todo, leer las transparencias mirando la pantalla, abuso del PowerPoint, demos innecesarias y un sinfín de errores similares.

No escuchar las preguntas de los inversores: muchas son pistas o inquietudes lógicas que permiten pivotar la presentación hacia las necesidades de la audiencia. No actúes como si rompiesen tu discurso ni trates de zafarte rápidamente. Aprovéchalas para construir sobre ellas. Dialoga, no busques solamente acabar tu pitch.

Tener miedo a las pérdidas: presentas resultados positivos demasiado rápido para no "ensuciar" el business plan. Pero para alcanzar esos números negros tienes que elevar los objetivos de ventas por encima de lo creíble. Es mejor reconocer que los primeros años habrá pérdidas (es lo habitual) que hinchar los números.

No reflejar pasión equilibrada con honestidad: si tú no crees en tu proyecto ¿quién más va a hacerlo? Demuéstralo. Pero no caigamos en la pasión "vende motos" a cualquier precio. Si no hay inteligencia y honestidad en la venta, se convierte en un mercado persa poco creíble. Transmite optimismo inteligente.

Síndrome de "el papel lo aguanta todo": no construyas objetivos sobre porcentajes de grandes mercados. Muchos establecen que su proyecto satisface una necesidad de un inmenso mercado (ej: mi proyecto satisface el hambre y mi mercado son todos los hambrientos, o mi proyecto satisface las necesidades del anunciante y mi mercado es toda la tarta publicitaria) y definen que van a alcanzar un porcentaje que suena ridículo (si sólo alcanzará un 0,01% de este mercado...). Hay que empezar de abajo arriba, definiendo de manera muy restrictiva necesidad y mercado. Igualmente, las progresiones de crecimiento suelen presentarse con una inercia de palo de hockey a partir del 3er año: si no se explican los puntos de inflexión (tipping points) no tiene sentido.

Aparentar que no necesitas el dinero del inversor.

Inflar las expectativas haciendo creer que vas a crear el próximo Google.

Enzarzarse en una discusión con el inversor porque ha hecho una crítica o comentario.

No explicar el producto financiero: si vas a hablar con un inversor, háblale en su lenguaje y enséñale la pasta, no sólo cuánta y cómo la vas a conseguir, sino cómo sus 100K se van a multiplicar por X en un período de 4 años.

No explicar el modelo de negocio: cuanto más simple es la explicación del modelo de negocio o del proyecto completo, más atractivo resulta. Hay que buscar la definición del proyecto en una frase, y que se entienda.

No emocionarse con el proyecto: o no transmites emoción por el proyecto o no conectas emocionalmente con los inversores con una historia o como quieras llamarlo. ¿Os ven ilusionados, convencidos, apasionados, que habéis apostado por el proyecto, dejado trabajos, bajado sueldos, invertido, etc.?

Estar en el foro equivocado: si estás en fase inicial o "seed" no tiene sentido contárselo a fondos VC, ya que no estarán interesados y perderéis el tiempo los dos. Por otro lado, hay inversores que sólo invierten pequeñas cantidades o en determinadas condiciones y no puedes contarles algo que no entre en sus requisitos. Infórmate antes.

No empezar por presentarse personalmente: el acto de seducción empieza por decir quién eres/quiénes sois.

No dar datos reales: los datos mensuales hasta la fecha, como por ejemplo, usuarios, tráfico, ventas, etc., son mucho más creíbles que tus previsiones y son la mejor manera de demostrar que tu producto tiene demanda.

Falta de compromiso del equipo promotor: la gran mayoría de las veces, los emprendedores se limitan a mostrar sus galones (licenciaturas, masters, doctorados...) y sus conquistas (Founder & CEO en la startup X, advisor en la startup Y), pero hablan poco de ellos mismos. Los emprendedores han de comprender que el inversor deposita la confianza en un equipo capaz de llevar a cabo la idea/proyecto que están presentando, con lo cual deberán dejar bien claro cuál es su apuesta personal en el proyecto a tres niveles.

Consejos para elaborar un plan de negocio

Muchos emprendedores cometen el error de dar demasiada importancia al plan de negocio y pensar que en sí mismo es un documento que les va a resolver muchos problemas en su trabajo como emprendedores. Lo cierto es que el plan de negocio tiene utilidad para una serie de cosas muy concretas y que tenemos que usarlo como una herramienta que nos ayude a conseguir nuestros objetivos, por ejemplo para conseguir financiación pública o privada, donde en la mayoría de los casos nos lo van a pedir para conocer con detalle los principales aspectos relacionados con nuestra idea de negocio.

Para mi resulta fundamental que el plan de negocio se convierta en un documento "vivo", que refleje en cada momento el estado en el que se encuentra la empresa. Además es importante que el emprendedor lo considere como una agenda donde se va reflejando la evolución de su idea, para adaptarse al mercado. Por lo tanto si el emprendedor es capaz de sacarle partido a nivel personal al plan de negocio, entonces le estará reportando una gran utilidad en determinadas acciones a desarrollar por la empresa, como es la búsqueda de financiación.

Si en nuestros planes como emprendedores se encuentra tener que recurrir a financiación pública entonces mi consejo sería que intentemos trabajar con los modelos oficiales de plan de negocio, como por ejemplo el que nos proporciona ENISA y que podemos encontrar en su web cuando está abierta la convocatoria para la solicitud de sus préstamos. De esta forma nos vamos a ahorrar mucho tiempo a la hora de preparar documentación, ya que en ese modelo están la mayoría de aspectos que también quieren conocer los inversores privados. En todo caso me parece fundamental que el plan de negocio esté personalizado en función de los intereses concretos que puedan tener a nivel de información los inversores, en la línea de lo comentado anteriormente, donde tenemos que darle mucha importancia a conocer bien los criterios de inversión de los inversores de cara a poder hacerles una presentación lo más acertada posible.

A continuación podrás conocer de forma directa aquellos factores del plan de negocio a los que dan más importancia algunos de los inversores en startups más relevantes en España. Conocer de forma concreta estos criterios de inversión y la información que quieren conocer de nuestra empresa, es una buena forma de empezar con buen pie la negociación con los inversores para convencerles de que inviertan en nuestra empresa.

Tras consultar a algunos de los principales inversores en empresas tecnológicas en España sobre aquellos aspectos que quieren conocer de una empresa a través del plan de negocio, aquí tenéis lo que nos han comentado cada uno de ellos:

Cabiedes & Partners
1. Presentación del Equipo.
2. Tamaño de mercado y canales de acceso.

3. Descripción muy detallada de quién es el cliente y quien el usuario (si es diferente).

4. Canal y coste de adquisición previsto de usuario/cliente.

5. Estimación del lifetimevalue del cliente y de qué se compone.

6. Cuánto dinero necesitas (la menor cantidad posible) y para qué.

7. Qué hipótesis van a validar con ese dinero de la primera ronda.

8. Si ya estás vendiendo todos los números del funnel de clientes con costes.

9. Lo quiere conocer las proyecciones a más de 12/24 meses.

Bonsai Venture Capital

1. Destino de la inversión.

2. Referencias de modelos similares y transacciones comparables de m&a.

3. Ideas iniciales de exit.

4. Si hará falta o no siguientes rondas.

5. Estructura accionarial.

6. Balance (deudas, etc.)

7. Haría hincapié en por qué este proyecto es ganador.

8. Información del equipo con detalle de su track record, organigrama.

9. Condiciones de la inversión.

10. Riesgos potenciales.

DaD: Digital Assets Deployment

1. Resumen Ejecutivo.

2. El Producto o Servicio: definición, beneficios, atributos y público objetivo.

3. Mercado Potencial: tamaño, tendencias, proyección, segmentos...

4. La competencia: competidores existentes, fortalezas y debilidades, barreras de entrada.

5. Modelo de negocio: como se obtienen los ingresos y beneficios, proyección de captación de clientes.

6. Expectativas financieras: proyección a cinco años, necesidades de financiación.

7. Estructura de la organización y equipo gestor.

8. La empresa: fortalezas y debilidades, recursos propios, proveedores, procesos.

9. Plan de implementación: estado de desarrollo, hitos a cumplir.

10 Expectativas de riesgos: factores adversos que pueden afectar el crecimiento, estrategias de contingencia.

11. Estrategias de marketing y ventas.

12. Qué oportunidad de negocio has detectado.

13. Porque puedes aprovechar la oportunidad mejor que tus competidores y cuál son estos competidores (Ventajas competitivas y competencia).

14. Cómo ganas dinero (Tu modelo de negocio).

15. Qué tienes que hacer para desarrollar tu Plan y generar rentabilidad (Plan de acción).

16. Cuánto cuesta desarrollar tu Plan antes de generar rentabilidad (Tu necesidad financiera).

17. Cómo piensas financiar tu Plan y qué parte de esos recursos le pides al potencial inversor (La Estrategia financiera).

18. Cuál es la oferta que se realiza al inversor (La propuesta).

19. And last but not least: Cómo, cuándo y a qué precio podrá el inversor vender su participación en la compañía (Estrategia de desinversión).

Los foros de inversión

Tras haber participado en muchos de foros de inversión, donde se presentaban empresas que buscan inversión, para que las conozcan los inversores, tengo algunas ideas que transmitir para que podáis aprovechar al máximo esta oportunidad de presentar vuestro proyecto a un grupo de inversores.

En primer lugar tenemos que tener en cuenta que presentar nuestra startup en un foro de inversión no nos asegura que vayamos a conseguir financiación. Es un elemento más a tener en cuenta a la hora de realizar la labor de buscar financiación, al igual que tienes que tener un plan de negocio, una buena presentación, las ideas muy claras y saber transmitirlas, participar en este tipo de eventos es necesario pero no suficiente. El problema es el tiempo que puedes perder preparando y participando en tanto evento, un tiempo que no se lo estás dedicando a tu proyecto, aunque si lo miramos desde el lado positivo, nunca está de más porque aprendemos a vender nuestra idea, realizamos contactos interesantes y sobre todo podemos recibir consejos para mejorar nuestro producto. Con lo que cuesta poner en marcha un proyecto creo que es momento de moverse mucho, dejarse ver en todas partes y que tu nombre acabe sonando a los inversores, porque si no te conocen es muy difícil que acaben invirtiendo en tu empresa.

Además aquí tenéis algunos consejos sobre cómo afrontar la presentación de vuestra empresa en un foro de inversión:

1. No digas que eres el mejor o que tu proyecto es el líder, esto te hace parecer orgulloso. Di que estás preparado para ser el mejor y que vas a trabajar para que tu proyecto sera el líder del sector, esto te hará parecer ambicioso y si un inversor te va a prestar tu dinero lo va a hacer más tranquilo sabiendo que eres ambicioso que si eres orgulloso.

2. Utiliza una buena presentación, con cifras, gráficos, llamadas de atención sobre aspectos clave del producto y del negocio. La presentación debe ser atractiva, que se vea que has trabajado en ella, tanto como en las palabras que vas a decir. Un emprendedor tiene que ser una persona trabajadora, nadie va a invertir en un vago, pero los inversores no van a ir a tu oficina a verte trabajar, solo tienes 10 minutos para demostrarles lo que vales.

3. Habla de la competencia y demuestra cómo les vas a superar. Nadie invierte en proyectos donde no hay modelo de negocio (al menos en España) y la mejor forma de demostrar un modelo de negocio es diciendo lo que gana la competencia. Si en España aún no hay nada parecido, busca empresas que hagan lo mismo en otros países y habla de sus resultados. También es bueno hablar de las cifras de negocio del sector.

4. Demuestra lo que sabes, en la vida en general es bueno ser humilde, pero ya tendrás tiempo de demostrarlo cuando hables con el inversor en privado. En la presentación tienes

que demostrar que eres un crack, que nadie conoce el sector como tú y que eres la persona ideal para llevar a cabo ese proyecto. Si tú mismo no te lo crees, entonces mejor no te presentes.

5. Despierta la curiosidad de los inversores, nadie va a invertir en ti si no te conoce, consigue que al final de la presentación se acerquen a ti para preguntarte algo sobre el proyecto, les tienes que poner un caramelo en la boca, alguna cifra, algún dato que les haga ver que tienen una gran oportunidad si profundizan en tu proyecto. Hay muchos proyectos, tienes que conseguir que el tuyo destaque.

En la guía de Inversión en Startups de Loogic podrás encontrar un listado de los foros de inversión más importantes que se realizan en España y conocerás la forma en la que puedes presentar tu candidatura para presentar tu proyecto ante los inversores que participan en esos foros.

Cómo elegir una aceleradora de startups

Las aceleradoras de startups para mi en estos momentos son una de las mejores opciones previas a las búsqueda de financiación, ya que sirven precisamente para ayudar a las nuevas empresas a prepararse adecuadamente para poder dirigirse a los inversores con una idea de negocio probada. Por lo tanto creo que el papel que están teniendo actualmente este tipo de organizaciones se podría definir mejor como "arrancadoras" en el sentido de que ayudan a las empresas en fases muy iniciales, incluso algunas de ellas trabajan con el emprendedor en la definición de la idea de negocio, por lo tanto su principal función está resultando en muchos casos preparar la empresa para que llegue lo mejor preparada posible, al día en el que se realice el Demo Day donde tendrá la oportunidad de conquistar el interés de algunos de los business angels que asistan a su presentación. Por lo tanto si tenemos en cuenta que esta es la mayor utilidad que nos pueden ofrecer muchas aceleradoras, entonces creo que los emprendedores debemos realizar una evaluación adecuada de las aportaciones que podamos recibir por su parte y de la contraprestación que tendremos que dar por nuestra parte.

En mi opinión estos son los aspectos que el emprendedor debe valorar a la hora de elegir un programa de aceleración en el que participar:

Aportación económica de la aceleradora: es algo que forma parte de todos los programas de aceleración, ya sea en forma de aportación directa o por la aportación en especie. Me parece importante conocer la valoración que se hace de esa aportación y cómo esto se corresponde con la contrapartida por parte de la empresa, que en muchos casos consiste en la toma de una participación accionarial por parte de la aceleradora.

Programa de formación: debido a que la mayoría de aceleradoras se dirigen a empresas de reciente creación, incluso a emprendedores que tan solo cuentan con una idea, me parece fundamental que la aceleradora ofrezca al equipo emprendedor un programa de formación, lo más completo posible, en los aspectos que habitualmente suelen ser menos conocidos por los emprendedores, como pueden ser temas legales, fiscales, financieros, laborales, comerciales o de marketing, entre otros muchos.

Programa de mentoring: muchas aceleradoras ponen el foco en la red de mentores para poder ofrecer a los emprendedores una experiencia real por parte de otros emprendedores o profesionales que ya han tenido éxito con sus empresas. Para mi el mentoring es fundamental y muy útil para la startup pero siempre que esté planificado. Digo esto porque las aceleradoras suelen "soltar" al emprendedor con el emprendedor en una misma sala, pero muchas veces no hacen nada para que el emprendedor pueda sacar el máximo provecho a ese tiempo dedicado en común a trabajar en el proyecto. Por lo tanto me parece fundamental que la aceleradora se implique en la organización de las sesiones de marketing y que estén planificadas de forma conjunta entre la aceleradora, el mentor y el emprendedor, para que se pueda obtener el mayor valor posible de este trabajo conjunto.

Demoday: se trata del momento culmen del paso por una aceleradora, por lo que muchas empresas lo aprovechan como el momento del lanzamiento al mercado. Si el programa de aceleración dura 6 meses, la startup debe aprovechar ese tiempo lo mejor posible para sacar su producto al mercado al final de programa de aceleración y contar con ciertas métricas que puedan despertar el interés de los inversores. Por lo tanto es un aspecto más que podemos evaluar de cara a decidir optar a participar en una acelerador, el que se haga un buen trabajo para preparar el Demoday con inversores.

En todo caso más allá de que el emprendedor tenga la posibilidad u oportunidad de poder seleccionar en qué aceleradora de startups puede llegar a formar parte de su programa de aceleración, es muy importante dejar claro que la responsabilidad de aprovechar ese tiempo y los recursos que se le ofrezcan será siempre del emprendedor, aquél que quiera aprovecharlo lo hará por pequeños que sean esos recursos, por lo que en mi opinión siempre vienen bien las aportaciones sobre todo a nivel de formación y asesoramiento que la empresa pueda recibir por parte de la aceleradora.

En la guía de Inversión en Startups que hemos elaborado en Loogic podrás encontrar un listado de las principales aceleradoras que operan en España y conocer información sobre ellas de cara a tomar la decisión de cara a participar en uno de sus programas de aceleración.

Planifica tu ronda de inversión

Cada vez que doy una charla sobre crowdfunding insisto en la virtud que tiene esta forma de financiar los proyectos de los emprendedores, al "obligarnos" a tomar una serie de decisiones, que de otra forma tendemos a posponer o no querer asumir, ya sea por desconocimiento o por miedo a asumir compromisos, que posteriormente puedan resultarnos perjudiciales. Algunas de estas decisiones son por ejemplo: ponerle precio a nuestra idea de negocio, el porcentaje de nuestra empresa que estamos dispuestos a compartir con los inversores, el número de inversores que podemos admitir en la ronda de inversión o el tiempo que estamos dispuestos a estar trabajando para lograr la cantidad de financiación deseada. El crowdfunding te obliga a tomar todas estas decisiones, ya que para montar una campaña de crowdfunding es necesario hacer públicas todas esas decisiones.

Ya sabes que desde hace tiempo recomiendo el crowdfunding como una de las mejores opciones para financiar los proyectos de los emprendedores, pero entiendo que muchos emprendedores sigan teniendo dudas, incluso algunas reticencias a utilizar la financiación colectiva en sus proyectos, sobre todo por el desconocimiento que existen aún en lo que al equity crowdfunding se refiere y los pocos casos de éxito que tenemos aún, en comparación con otras formas de financiación tradicional. En todo caso, aunque como emprendedores decidamos que el crowdfunding no es para nosotros, o que aún no consideramos que haya llegado el momento de recurrir a la financiación colectiva, si que pienso que la forma en la que se plantean las campañas de crowdfunding si que puede ser algo a utilizar por todas las empresas en sus distintas rondas de inversión.

Estructurar adecuadamente la ronda de financiación es una de las muchas claves para lograr el éxito en su realización y conseguir el capital que buscamos. Con estructurar me refiero a planificar cómo se va a desarrollar en el tiempo y a que tomemos una serie de decisiones que nos va a facilitar la presentación de nuestro proyecto a los inversores y a su vez a los inversores les va a facilitar la toma de decisiones. Si lo hacemos de esta forma podremos reducir el tiempo que habitualmente le suele llevar a un emprendedor realizar una ronda de inversión para su empresa y además conseguiremos aumentar las posibilidades de éxito de la misma.

Reduciremos el tiempo de realización de la ronda de inversión porque al estar las cosas mucho más claras resultará mucho más sencillo tomar decisiones. Para el emprendedor es más sencillo porque no tiene que enfrentarse a una negociación diferente cada vez que presenta su proyecto a un inversor. Los términos de la operación están establecidos por adelantado, incluso pueden estar publicados en una web, por lo que de producirse la negociación no existirán tantos aspectos sobre los que "discutir" o ponerse de acuerdo, sino que las principales decisiones ya han sido tomadas por el emprendedor y el inversor tiene que aceptarlas si le interesa entrar a formar parte de ese negocio.

Tras haber visto a muchos emprendedores que comienzan una ronda de financiación sin haber tomado las decisiones más básicas e importantes sobre su empresa, creo que este planteamiento que os acabo de hacer puede evitar muchos problemas a los emprendedores e introducir mucha más transparencia en nuestro mercado, para que haya más operaciones de inversión y a su vez los inversores puedan encontrar operaciones más interesantes en las que participar.

Planificar una ronda de inversión no es solo tomar las decisiones correspondientes a la estructura de la operación, también es definir el tiempo que vamos a dedicar a trabajar en la ronda de inversión. He conocido muchos emprendedores que comienzan una ronda de inversión pero no saben cuándo va a finalizar y le acaban dedicando mucho más tiempo del que deberían. La realización de una ronda de inversión debería durar entre tres y seis meses. Si dura más tiempo entonces seguro que acabará siendo una mala operación, a la que el emprendedor llegará desgastado y donde probablemente el negocio se haya visto muy perjudicado por la falta de foco del emprendedor. Realizar una ronda de inversión es como tener un trabajo, hay que dedicarle todo el tiempo e interés posible, si el emprendedor tiene que compaginarlo con su actividad habitual al frente de su empresa, según vaya pasando el tiempo irá dejando de hacer bien una de las cosas y acabará haciendo mal ambas.

Al igual que las campañas de crowdfunding tienen fecha de inicio y fecha de fin, nosotros como emprendedores, que vamos a realizar una ronda de inversión para nuestra empresa, tenemos que decidir qué día vamos a empezar a buscar financiación y qué día vamos a terminar, aunque no hayamos logrado el objetivo deseado.

Esta planificación también se debe realizar de cara a seleccionar los inversores a los que vamos a proponer participar en nuestra empresa. Al igual que cuando planificamos una campaña de marketing decidimos los canales que vamos a utilizar para dar a conocer nuestra marca, en lo que a una ronda de financiación se refiere también podemos realizar una planificación en base a las opciones que hemos visto en el capítulo dedicado a dónde encontrar inversores: Linkedin, eventos, foros, aceleradoras. Como veis la mayoría de opciones que tenemos para darnos a conocer a inversores no van a depender de nosotros mismos sino de un tercero, como puede ser una escuela de negocios, que organiza un foro de inversión o una aceleradora que organiza un demo day. Por lo tanto estos condicionantes a nivel de agenda van a ser los que te ayuden a configurar el proceso de realización de una ronda de inversión a nivel de plazos y fechas.

Si planificas una ronda de inversión como planificarías una campaña de crowdfunding o incluso una campaña de marketing, verás como la efectividad de tu trabajo es mucho mayor, las posibilidades de conseguir la financiación buscada aumentarán y será mucho menor el impacto de la pérdida de foco que tienes como emprendedor por tener que dedicarte a otro tema que no es el desarrollo de negocio de tu empresa.

La importancia del equipo de cara a conseguir inversión para una empresa

Mientras preparaba este libro he tenido la oportunidad de hablar con muchos inversores y me ha llamado enormemente la atención la coincidencia en la mayoría de inversores respecto a su principal criterio para tomar la decisión de invertir en una empresa. La mayoría de los inversores con los que he podido hablar y casi la totalidad de los que he conocido, coinciden en poner al EQUIPO como el principal parámetro que les sirve para invertir en una nueva empresa. Por un lado le dan una enorme importancia el perfil del emprendedor, pero sobre todo piensan en que quieren convertirse en socios de emprendedores que tengan la capacidad de ejecución necesaria como para cumplir los planes que se han propuesto en el plan de negocio de la empresa.

Los planes son importantes. El mercado en el que se desarrollan, el producto que se va a poner a la venta en ese mercado, las posibilidades del negocio que se puedan llegar a generar, la competencia existente en ese mercado, las posibilidades de escalar el negocio, las proyecciones financieras, ... todo es importante, pero no hay nada más importante que el equipo y la capacidad que este tenga para cumplir con sus planes.

Por lo tanto cuando como emprendedor te encuentres con inversor y comiences a presentarle tu idea de negocio o tu plan de negocio, tienes que saber que cuando el inversor está hablando contigo lo que está haciendo es evaluarte, intentar entender si tú eres la persona adecuada para hacer posibles esos planes y si estás preparado para rodearte de la gente adecuada que constituya el equipo con la capacidad de convertir esa idea en un gran negocio.

El emprendedor no es un equipo, el emprendedor es el líder del equipo. Pero el emprendedor necesita socios y más adelante necesitará contratar gente para que se sume a su proyecto o si es posible también incorporar más socios a la empresa. Si "el emprendedor" pasa a ser "los emprendedores" mucho mejor, porque para formar un equipo ganador que resulte convincente para los inversores hace falta mucha involucración y en una nueva empresa un sueldo o la expectativa de tenerlo no es suficiente. Lo mejor es que en la empresa haya varios fundadores y que todos tengan una involucración total. Varios puede ser dos, pero el modelo de emprendedor solitario lo tiene realmente para conseguir convencer a los inversores.

Por lo tanto la primera "venta" que tiene que hacer un emprendedor es para conseguir socios y con esos socios construir un equipo solvente. Un equipo con la capacidad de sacar adelante el proyecto que ha ideado el emprendedor y que le ayude a convencer a los inversores para que se sumen al proyecto. Ese primer equipo formado por socios, es la primera materia prima con la que contará el emprendedor para comenzar a generar un negocio para su empresa y con el que se construyan las métricas necesarias para convencer a los inversores que participarán en la primera ronda de inversión de la empresa.

Hablando del equipo y de cara a estructurar adecuadamente una presentación para inversores, yo siempre recomiendo a los emprendedores que lo primero que tienen que hacer es presentarse. Presentarse ellos y presentar a las personas que van a formar parte de su proyecto. Muchos emprendedores cometen el error de dejar la presentación del equipo para el final y de esta forma se corre el riesgo de que el inversor no preste atención a la presentación que se le está realizando, porque no es capaz de visualizar si la persona que le está presentando el proyecto tiene la capacidad para convertir esas ideas en realidad.

Cuando un emprendedor está presentando su idea, por ejemplo en un foro de inversión, se corre el riesgo de que el inversor pueda pensar que se le está intentando "vender la moto". La mejor forma de evitar esto, es demostrando desde un principio que el emprendedor que está contando esa idea tiene las capacidades para convertirla en un negocio rentable, siempre que cuente con el apoyo de inversores para afrontar las inversiones necesarias para desarrollar el modelo de negocio.

Por lo tanto cuando presentes tu empresa a un inversor lo primero que tienes que hacer es presentarte tú y presentar a tu equipo. Explicarle de dónde surge tu idea, la razón por la que tú eres la persona más adecuada para convertirla en una realidad y las personas que te van a ayudar para que esto sea posible. Si en este libro hemos hablado de la importancia que tiene la red social profesional Linkedin para encontrar inversores, esto demuestra también la importancia que tiene nuestro currículum como emprendedores. Ese currículum online es lo primero a lo que puede agarrarse un inversor para intentar entender si debe confiar en ti como emprendedor e invertir en tu empresa.

Aquí es donde radica la importancia de la marca personal del emprendedor y su reputación online, porque el inversor te va buscar en Internet, va a querer conocer cuál es tu formación, tu preparación, tu experiencia, tus intereses, tus aficiones, las personas con las que te relacionas, … porque cada una de estas cosas son factores que van a entrar a formar parte de su decisión para poder confiar en tí. Así que antes de empezar a mover tu proyecto entre inversores asegurate de que tienes una buena presencia online, tanto tú como tu equipo, sobre todo en Linkedin y vale la pena dedicarle un tiempo a mejorar estos aspectos, porque realmente son una prioridad para los inversores. Como emprendedor te estás jugando mucho con cosas tan sencillas como la forma en la que te muestras a nivel de imagen y comunicación, tanto en Internet como cuando te reúnes presencialmente con los inversores o presentas tu proyecto en un foro de inversión.

10 errores de una startup que busca financiación

Artículo realizado por Juan Luis Hortelano.

Tras algunos años a ambos lados de la barrera, buscando financiación pero también recibiendo cientos de peticiones de inversión, creo que empiezo a saber algunos de los errores que muchas startups cometen a la hora de buscar inversión y por lo que sea caen en los diferentes pasos iniciales del proceso. A continuación indico los 10 mas comunes que he detectado, sin ningún orden en particular.

Nula investigación sobre el fondo o inversor:
Este es un error más común de lo que parece. Debes de conocer todo lo posible sobre a quien vas a pedir dinero. Investigar, preguntar, hablar con sus invertidas. Conocer su portfolio. Muchas startups envían emails genéricos a decenas o cientos de inversores. Eso no gusta, se nota enseguida, y hace que el descarte sea en muchos casos casi automático. Y además te va a evitar perder el tiempo con muchos, y focalizar tu energía en quien realmente importa o con quien tienes mas posibilidades.

Exigir un NDA:
Nadie firma ya acuerdos de confidencialidad. Y pese a eso, hay gente que los sigue pidiendo. Es el primer "warning" para muchos inversores. Demuestra desconocimiento de la

realidad, desconfianza. Nadie te va a pedir que reveles el secreto, la fórmula de éxito de tu proyecto. Pero si insistes y tienes miedo a que alguien te copie la idea es que no has entendido aun como funciona esto.

No interactuar a través del CEO:

El CEO es la persona que debe de hacer el contacto y liderar todo el proceso. Y a quien el inversor espera ver y escuchar. Excepcionalmente puede hacer ese papel algún cofundador. Pero los inversores quieren que sea ellíderr del proyecto el que de la cara. Está bien en algún momento conocer al resto del equipo, pero tampoco es bueno que a una reunión se presenten 6 personas...

Primera presentación o documentación:

La primera impresión es la que cuenta. Te lo decían ya tus padres o tus profesores, ¿a que sí ? Cuando buscas financiación ha de ser todo impecable. Desde el email de presentación, pasando por los documentos que envies, pero por supuesto también la web o app del proyecto. No puedes pedir dinero a alguien demostrando dejadez, con faltas de ortografía, documentos cutres, web con fallos. Así no vas a ninguna parte. Y por increíble que parezca, esto es bastante habitual.

Subestimar competencia (o negar que exista):

Una vez pasado el primer filtro, en estado más avanzados, esta es una postura bastante común. Y que lejos de mostrar autoconfianza o seguridad demuestra todo lo contrario, sobre todo cuando no se explica bien. Si alguien dice que no tiene competencia o que la va a arrasar debería de poder razonar muy bien el motivo. Y no se hace.

Proyecciones a 3-5 años sin números actuales (exceso y defecto):

Supongo que esto viene de la herencia de los clásicos planes de negocio, que por cierto aun exigen muchas instituciones para dar préstamos... Yo aun estoy por ver una proyección que se haya cumplido. En algunos casos ha sido para bien y en otros para mal. Puede entender una proyección a 1-2 años basada en una tracción actual razonable. Pero nadie se cree una proyección a 5 años cuando aún no has empezado a vender. Y además, o estas proyecciones son verdaderas animaladas o se quedan cortas y no justifican ninguna inversión. Si pones una proyección, que seacreíblee, factible, sensata y que justifique la inversión. Si no, mejor no poner nada. También he visto cambiar un excel sobre la marcha, para modificar esa proyección, en base a un comentario al respecto. Eso no vale ;)

Desconocimiento de los "basics" – KPI´s claves de tu negocio:

Un inversor te va a pedir las KPI´s claves de tu proyecto. Esos acrónimos que nos gustan tanto. Los CAC, LTV, DAU, MAU, Churn, ARPU etc... Tienes que tenerlos en tu cabeza, saber responder. Y si puede ser mostrarlas en los primeros documentos. En caso contrario la impresión es nefasta. No vale un "ya lo miro y te paso un email"

Mala intro o primer contacto:

Para determinados inversores, los más solicitados, es muy importante la intro y quien la hace. Merece la pena trabajar esa parte bien, aumenta las posibilidades de que te hagan caso. También es importante cuidar el primer contacto si este es físico, en un evento. Y no ser pesado o interrumpir.

Abuso de tecnicismos y palabros:

Muchos inversores no tienen un background tecnológico, por lo tanto abusar de tecnicismos, palabras de moda o anglicismos no te va a ayudar.

Falta de experiencia en el mercado del proyecto:

Este punto es también bastante habitual. Equipos, que sin experiencia previa en un sector, deciden lanzar un proyecto. Es algo que el inversor va a valorar, de forma muy significativa. Una pequeña solución puede ser tener buenos advisors que si la tengan.

Conseguir financiación inteligente

En la segunda parte de este libro vamos a profundizar en el concepto que de forma más habitual se suele utilizar cuando se habla de Smart Money, que se refiere a que la inversión recibida por la empresa suponga una aportación mayor que la meramente económica. Sin duda es el aspecto al que mayor importancia se le ha dado en lo que al mundo de los negocios se refiere, pero para mi resulta insuficiente, si no le damos el sentido más amplio, que propongo en este libro, al considerar también la fase previa dedicada a la consecución de la financiación y la fase posterior en la que se invierte ese dinero en desarrollar el negocio de la empresa.

Para el emprendedor resulta fundamental pensar que si va a realizar el esfuerzo de buscar financiación y el sacrificio en cuanto a la pérdida de una parte de su negocio, al menos pueda asegurar que ese sacrificio va a reportar el máximo beneficio para su empresa. Esto puede conseguirse si cuando se realiza una ronda de inversión, además de incorporar dinero se incorporan socios que pueden aportar otro tipo de recursos a la empresa, sobre todo contactos, oportunidades de negocio, estrategia, capacidad para la toma de decisiones y otras muchas cosas de las que trataremos a continuación.

En este punto resulta importante que el emprendedor se pueda poner en la situación de elegir cuál es el inversor que quiere que participe en su empresa. Aunque posteriormente será muy complicado lograrlo en la forma ideal para nosotros, pero si que es necesario hacer ese esfuerzo, por contar con el inversor que más valor puede aportar a nuestro negocio. Si no es esto no puede ser así, quizás valga la pena considerar otras opciones de cara a financiar el desarrollo la estrategia de la empresa. Para que esto pueda suceder es fundamental que el emprendedor realice un estudio adecuado de los inversores que pueden participar en su negocio y dirija hacia ellos su estrategia en la búsqueda de financiación.

Estos son los capítulos de la segunda parte del libro: conseguir financiación inteligente.

24. El mejor inversor es un cliente.

25. La primera ronda de inversión se hace pensando en la segunda.

26. Cómo elegir un inversor para tu startup.

27. Descripción de las operaciones de inversión y rondas de inversión.

28. Fases y documentos utilizados en las rondas de inversión.

29. La valoración de la empresa.

30. Los préstamos participativos en la financiación de la empresa.

31. El crowdfunding como alternativa a las formas de financiación tradicional.

32. La inversión a nivel internacional.

33. La opción del tech angel como alternativa de inversión.

34. ¿Qué tiene que ver el Media For Equity con el Smart Money?

35. Modelos de inversión de los principales inversores de España.

36. Encuesta: ¿Qué valoran los emprendedores de un inversor?

37. La aportación de un inversor en los momentos difíciles de una empresa.

38. Cuando un inversor invierte en una startup le transmite su reputación.

El mejor inversor es un cliente

Seguro que esta frase las has oído muchas veces, pero es importante que no caiga en saco roto. Como emprendedores lo mejor que podemos hacer es considerar a nuestros clientes como inversores y como consecuencia considerarlos también como socios. Si como emprendedores somos capaces de financiarnos a través de nuestros clientes, vamos a lograr una gran independencia, ya que por un lado no tendremos que rendir cuentas a nadie y por otro lado vamos a poder conservar la totalidad de las acciones de nuestra empresa, lo que conlleva, a su vez, tener todo el beneficio para nosotros.

Dicho esto, me imagino que cuando has leído lo de que no tendrás que rendir cuentas a nadie, también has pensado que como emprendedor al primero que hay que rendir cuentas es al cliente y que además los clientes suelen ser los más exigentes con nuestro trabajo. También esto me recuerda al planteamiento de que hay mucha gente que emprende para ser su propio jefe, cuando lo que realmente está consiguiendo es la situación en la que tiene muchos jefes, que a su vez son sus clientes. En todo caso yo como emprendedor prefiero mil veces que mis jefes sean mis clientes, en lugar de que sea una persona que me diga lo que tengo que decir y hacer.

Además por todo esto me gusta tanto el crowdfunding y le veo tanto potencial para los emprendedores, porque se cumple perfectamente la idea de que sean los clientes los primeros inversores, incluso los únicos inversores que vamos a tener y necesitar, siempre que seamos capaces de utilizar la aportación económica recibida en la campaña de crowdfunding, para construir un modelo de negocio sostenible que no requiera la realización de rondas de inversión convencionales.

En el crowdfunding además se refleja muy bien el concepto de Smart Money, en el sentido de que aquellas personas que aportan la financiación en la campaña de crowdfunding, ya sea en modalidad de recompensas o en modalidad de inversión, van a tener una mayor involucración en la empresa, de lo que puede tenerla un cliente en una modalidad básica de comercio. En primer lugar porque las personas que colaboran en una campaña de crowdfunding lo hacen con un interés más amplio del práctico por el beneficio material que van a obtener, ya que existe también una motivación emocional relacionada con la idea de ayudar a un emprendedor a hacer su sueño realidad. Este aspecto emocional la transmite una fuerza enorme al crowdfunding y amplifica enormemente el planteamiento de tener a nuestros clientes como inversores.

Una vez que esos clientes se vinculan con nuestro proyecto o empresa, llega el momento de ponernos a trabajar como emprendedores para sacar el máximo provecho a esa vinculación. Tenemos que ser nosotros los que de manera proactiva incentivemos la participación de nuestros clientes en el desarrollo de nuestra empresa, por ejemplo a través de canales de comunicación, que nos ayuden a conocerlos mejor, para poder personalizar el servicio que les ofrecemos. Igualmente será de gran utilidad toda la ayuda que puedan darnos a nivel de difusión, si logramos que nuestros clientes se conviertan en "prescriptores" de nuestra marca, porque saben que al hacerlo, ellos son los primeros beneficiados al ayudarnos a mejorar como empresa.

El esfuerzo que han realizado muchas marcas en los últimos años para vincularse con sus clientes a través de las redes sociales, en lo que habitualmente se conoce como engagement, puede llevarse a un siguiente nivel si esa vinculación se produce no sólo a nivel de conocimiento y comunicación, sino también a nivel de negocio. Ahora gracias al crowdfunding los emprendedores tenemos la suerte de que esta situación se está produciendo de manera natural, por la propia forma que tienen de funcionamiento las plataformas de financiación colectiva. En estas plataformas los proyectos que más éxito están teniendo son los que mejor saben transmitir los valores y beneficios que va a aportar el producto a sus compradores, de forma que estos sienten esa vinculación que les lleva a ser mucho más que clientes, pasan a ser también inversores, dejan de ser meros espectadores para convertirse en actores de la película. Nosotros como emprendedores tenemos la oportunidad de convertirnos en los directores de esa película y sacar lo mejor de todos esos actores, que tenemos a nuestra disposición, seguro que entre todos ellos podemos descubrir una estrella que nos ayude a que nuestra película sea un gran éxito.

La primera ronda de inversión se hace pensando en la segunda

Uno de los principales mensajes que quiero transmitir en este libro es que, como emprendedores, tenemos que ser conscientes de la importancia que tiene la planificación de la estrategia de financiación de nuestras empresas. Sin esa planificación, el éxito, tan solo dependerá de la suerte y en algo tan importante como es el futuro de nuestra empresa, creo que es algo que no debemos permitirnos.

En los últimos años que he tenido la oportunidad de conocer a muchos emprendedores, en distintas fases de desarrollo de sus negocios. Uno de los errores más comunes que he podido detectar, en estos emprendedores, está relacionado con la entrada de capital en la empresa y el reparto accionarial entre los socios, tanto los que aportaban trabajo como los que aportaban capital. Quizás el caso más extremo que me he encontrado, aunque estoy seguro de que existen algunos aún peores, ha sido el de un emprendedor que se dedicaba a diseñar zapatos y que compartió el 30% de las acciones de su empresa con tres amigos que le dieron 30.000 euros para la puesta en marcha de su negocio. Ahora el emprendedor ha perdido tres amigos y no consigue que ningún inversor quiera apoyarle a nivel financiero, porque la situación accionarial de la empresa es demasiado compleja.

Los mayores errores en la financiación de una empresa se producen en las fases iniciales, cuando los emprendedores somos más inexpertos y nos preocupamos menos por lo que pueda pasar en el futuro con nuestra idea de negocio. Tan solo tenemos tiempo e interés en pensar en el corto plazo, en hacer lo posible para que la máquina comience a funcionar, pero no nos preocupamos sobre cómo vamos a conseguir combustible más adelante, cuando la primera carga del depósito se agote. Ni siquiera nos hemos preocupado por saber a qué distancia se encuentra la próxima gasolinera y si con lo que consume nuestro coche, vamos a ser capaces de llegar hasta allí.

Por lo tanto la planificación se convierte en una de las principales claves para lograr el éxito, en la estrategia de financiación de una nueva empresa y de esto no se habla habitualmente en nuestro sector. Si que se habla de la importancia o no importancia de la idea de negocio, del papel fundamental de contar con un equipo entregado y capaz de ejecutar el plan de negocio de la empresa, y de otras muchas cosas, pero apenas se habla de la planificación.

Lo habitual cuando un emprendedor comienza a buscar financiación es que tenga más o menos claro cuál es su idea de negocio, incluso puede haber trabajado en definir el modelo de negocio y ponerlo por escrito en el plan de negocio, pero lo que pocos emprendedores consiguen es tener claro el dinero que la empresa necesita en esa ronda de inversión y mucho menos la valoración que tiene la empresa en ese momento. De esta forma muchas veces, cuando estoy en foros de inversión y surge la típica pregunta de cuánto dinero se necesita y a qué valoración, lo más habitual es encontrarse con que el emprendedor pone cara de póquer y comienza a sudar, porque no sabe cómo responder o tiene miedo de cometer un grave error al hacerlo. Esto sucede porque la mayoría de los emprendedores saben que necesitan financiación para su empresa y quieren que esa financiación provenga de inversores, que además de dinero aporten inteligencia, que sea Smart Money, pero en lo que no quieren pensar es en cuánto van a tener que sacrificar para conseguirlo.

En la mente del emprendedor se produce una especie de bloqueo, tan solo son capaces de pensar en la parte positiva de conseguir financiación de inversores que se conviertan en socios de su empresa, pero no están dispuestos a pensar en el peaje que esto supone, en la parte negativa de los compromisos que se están asumiendo y en la negociación que van a tener que hacer con el inversor, para que este se encuentre satisfecho con su posición dentro de la empresa. Cada vez que hablo con un emprendedor sobre sus necesidades de financiación siempre se tocan los aspectos positivos, casi nunca los negativos y lo que es menos común es que el emprendedor tenga claro que tras una primera ronda tendrá que venir una segunda, que no será posible realizar si no se cumplen los planes que se han establecido para la primera.

Por lo tanto, como emprendedores, que vamos a necesitar inversión para nuestra empresa, es fundamental que tengamos muy claro que tras una primera ronda para las primeras fases de desarrollo de la empresa, llegue otra para la expansión del negocio, ya sea con nuevos productos o a través de otros mercados. En este punto el primer consejo es que para esa primera ronda de inversión la situación ideal sería conseguir inversores que tengan la capacidad de acompañarnos en la segunda ronda. Si lo hacemos de esta forma el proceso de realización de la segunda ronda será mucho más sencillo que el de la primera, nos robará mucho menos tiempo y la negociación se realizará con inversores que ya son nuestros socios, por lo que todo será más fluido. Eso sí, hay que tener en cuenta que esos inversores, que además son nuestros socios, ya lo conocen todo sobre nosotros y nuestro negocio, por lo que aquí no hay resquicio para el engaño, si es que eso formara de alguna forma parte de tu estrategia para financiar tu empresa, como puede ser inflando los números, lo cual no te recomiendo hacer de ninguna manera.

Tener en tu empresa inversores que pueden acompañarte en las distintas fases de financiación de tu empresa, es de las mejores cosas que puede pasarte en lo que a las cuestiones financieras de tu empresa se refiere. El inversor que ya está en tu empresa no va a arriesgar más dinero si sabe que las cosas no van bien y será el mismo el que te ayude a tomar las decisiones importantes que haya que tomar a ese respecto. Igualmente si las cosas van bien, será el primero en querer potenciar el negocio invirtiendo más capital para hacerlo crecer y poder obtener un mayor beneficio.

De esta forma uno de los principales consejos que vas a encontrar en este libro y que mejor representa el concepto de Smart Money, es la importancia de planificar las distintas fases de financiación de la empresa, teniendo clara la estrategia necesaria a desarrollar y no viendo cada ronda de inversión como algo independiente, sino como parte de un engranaje que debe hacer que funcione la maquinaria de la empresa. Si me permitís utilizar un ejemplo y espero que nadie se ofenda por ello, como emprendedores tenemos que ponernos en el papel del general de un ejército que tiene que enfrentarse a una guerra y que sabe que una guerra está compuesta de varias batallas, en las que debe salir victorioso. El reto de este general no está solo en ganar cada batalla, sino sobre todo en ser capaz de acabar cada batalla con suficientes efectivos, tanto a nivel de soldados, como de las armas y munición, que le permita enfrentarse a su enemigo con las garantías necesarias para tener éxito. En este caso no tenemos que ver al inversor como al enemigo, sino el que tiene la capacidad para aportarnos los recursos para conseguir nuestro objetivo, que es ganar la guerra.

Lo peor de todo esto es que los emprendedores muchas veces vamos a ciegas en todo este proceso, no existen escuelas donde enseñen este tipo de estrategias y pocos emprendedores en nuestro mercado se han enfrentado aún a todo este proceso. Por lo tanto nuestro mercado está necesitado de más experiencias de éxito y sobre todo del conocimiento que ha supuesto todo ese aprendizaje. Por suerte algunos inversores si que han vivido ya en varias ocasiones todo ese proceso y siguen interesados en seguir aprendiendo con su participación en nuevas empresas de emprendedores. Esta es una oportunidad que debemos aprovechar para contar con esos inversores, que de esta forma actuarán como Smart Money y nos ayudarán a planificar adecuadamente todo el proceso de financiación de nuestra empresa, no solo la primera ronda sino también las demás que vayamos a necesitar realizar y sobre todo también a pensar durante todo ese proceso en la estrategia de exit, tan necesaria para que el modelo del venture capital funcione y se desarrolle de forma satisfactoria tanto para los emprendedores como para los inversores.

Cómo elegir un inversor para tu startup

Artículo realizado por Iñaki Arrola.

Me lo preguntan muchas veces. Que si se puede elegir, que si hay mucho o poco dinero, que qué es lo importante, si hay cosas que se deben aceptar de un inversor y si hay otras cosas que no… En definitiva si se debe elegir un inversor u otro y por supuesto en qué basarse.

Y por eso el post de hoy. Porque se puede, se debe.

El mundo "estartapil" ha cambiado mucho. Hace unos años no había casi dinero y los inversores, si los encontrabas, se contaban con los dedos de una mano. Y como no, ante la ausencia o escasez de estos pues eso: las normas antes las ponían ellos y eran eso, lentejas.

Pero esto ha cambiado mucho. Ahora hay más dinero que grandes proyectos invertibles, tanto que son los inversores los que ahora compiten por los mejores proyectos. Y algunos de ellos se miran de reojo, porque no se han dado cuenta que no toca comprar sino venderse. Que es momento de salir a vender el por qué ellos si y no los otros.

¿Y por qué yo? ¿Por qué yo "parte interesada"? Como emprendedor he fundado coches.com y como inversor lidero un fondo de capital riesgo de empresas de Internet que se llama Vitamina K. Y quizá por eso puedo defender cuál es mi decálogo de lo que pediría a mi inversor ideal si me pusiera a la ardua tarea de levantar dinero. Si necesitara dinero que por supuesto si puedes no cogerlo y no te da valor, es mejor que no lo hagas.

Huelga decir que este post no va de "hablar mal de" ni "habla de". Es mi listado de lo que yo buscaría en un fondo de capital riesgo, nada más y quizá nada menos, allá va:

Decisiones. Siempre dispuesto a ayudarte, en todo momento, alineación extrema. Te va a apoyar en las decisiones claves de la empresa incluso cuando esté en contra, incluso cuando te haya explicado por qué no comparte tu opinión. Pero ha invertido en ti y la empresa es tuya y por eso te apoya siempre. Y por eso no va a tener vetos y no los va a ejercer si por algún motivo los tuviera.

1. Día a día. No hay nada como que hable tu idioma y que sepa de tus problemas. Los fondos "financieros" saben de números y de números necesitas mucho pero tus problemas son otros. Son quizá los que te puede resolver otro tipo de fondo. Si tu inversor ha estado en tu lugar, levantando una startup, podrá ayudarte mejor que si no lo ha hecho. Obvio.

2. Talento. Te ayuda a atraer talento. Una de los mayores problemas que te encuentras es que el talento es difícil de atraer y si los inversores pueden echarte una mano con su network mejor. Toda ayuda es poca.

3. Un paño de lágrimas. Pues si, el inversor también puede ayudarte con la presión, le puedes contar tus problemas y te puede ayudar simplemente estando. No es un inversor frío, financiero y calculador. Si tienes alguien en quien apoyarte quizá sea naïf pero se agradece. Mucho.

4. Conexiones. Como tu inversor es uno más en tu negocio estará todo el rato pensando en ti y te presentará clientes, accionistas, periodistas, te contactará con sus participadas porque entre vosotras os podéis ayudar…. En fin, que abrirá su agenda para ti de manera proactiva. Por tu negocio, por su participación en la empresa de los dos.

5. Otros inversores. Es un apartado "de conexiones" pero lo separo por relevante. Si tu empresa necesita co-inversores en la ronda actual o contactos con otros fondos tanto españoles como extranjeros para siguientes rondas. ¿por qué no ayudarte de los contactos de tus inversores? ¿por qué no deberían ayudarte?

7. Deuda. Un inversor que piensa por la empresa te ayuda a entender que la deuda en su justa medida no tiene por qué ser mala. Y te ayuda a conseguir distintos créditos, tanto de

entidades públicas como privadas, si esto es del bien común de la empresa.

8. Nada a cambio. Nada. Hay inversores que te piden "algo" a cambio de alguno de los puntos anteriores. Y eso es inadmisible. Si te ayudo con lo que sea, por ejemplo a conseguir dinero público, no te pido nada a cambio. El buen inversor hace todo esto por el bien de la sociedad.

9. Claridad, explicar… Para el emprendedor el mundo de las rondas es muy difícil y el inversor puede, y debe, explicar por qué se piden unas cosas y por qué otras. No hay nada como que te cuenten las cosas y decidas sobre ellas después de esa explicación.

10. Dinero. Si. Aposta lo pongo el último de los puntos. Debe tener dinero suficiente para poder acompañarte en más de una ronda. Con lo que pregúntale si puede poner dinero en las siguientes rondas y entérate si lo está haciendo en sus inversiones, si acude a rondas o si dice que lo hace pero luego no es así.

Al final es un tema de actitud. Este decálogo se podría resumir en que el inversor quiera pensar en tu empresa como si fuera tu co-fundador y que quiera hacer una tarta más grande, no su trozo del pastel más grande.

¿Y cómo saber si tu inversor cumple este decálogo? Parece obvio que el inversor puede hacer due diligence sobre el emprendedor pero ¿se puede al revés? ¿puede el emprendedor hacer due diligence del inversor? Para mi puede y debe. ¿Y cómo? Aunque solo sea llamando a cada una de las participadas de este, a las vendidas, a las "muertas" y a las recién invertidas... ¿Por qué no?

Los inversores tenemos que acostumbrarnos a que esto ha cambiado. Que ya no vale con tener dinero. Y además si ayudamos sin más, hacemos un un ecosistema mejor y de paso un mundo mejor.

"Entrepreneurs choose VC´s, VC´s no more choose entrepreneurs. It´s about being offensive, not defensive"

Descripción de las operaciones de inversión y rondas de inversión

Artículo realizado por Luis Gosálbez.

Las operaciones de inversión suelen ejecutarse en sucesivas rondas, normalmente planificadas y definidas previamente por el equipo fundador dentro de su estrategia financiera.

Idealmente una ronda de inversión se ejecuta en unidad de acto, reuniendo en una sola firma a todos los socios e inversores participantes; sin embargo, es frecuente que la misma ronda incluya distintas operaciones de inversión a lo largo de varios meses, cuando existen varios inversores con plazos, disponibilidad económica o intereses distintos.

Cada tipo de ronda tiene unas características y unas finalidades distintas, que pueden diferir de forma muy notable entre distintos países y momentos económicos. A continuación analizamos las principales características de las primeras cuatro rondas más habituales en España:

Ronda FFF (friends, fools and family): 30.000 – 100.000 euros:

La primera inversión recibida por el socio fundador suele provenir de las personas de su círculo más cercano, tanto por la accesibilidad de dichos fondos como por el factor confianza que demuestra a los futuros inversores el compromiso y el apoyo recibido por el fundador dentro de su propio entorno. Precisamente por este motivo, aunque la financiación sea recibida por la compañía, nos referimos al fundador como destinatario de la financiación para enfatizar que, en esta primera etapa, su figura es clave para que su círculo de confianza decida proveerle de fondos para su proyecto.

Se trata de rondas pequeñas, de entre 30.000 y 100.000 euros, que tienen como principal objetivo dotar al equipo fundador de la infraestructura necesaria para poner en marcha el proyecto y desarrollar un prototipo o una prueba de concepto del negocio para comprobar la reacción del mercado.

La valoración de la compañía en esta fase suele ser baja, nunca superior a los 500.000 euros y el mayor riesgo para el proyecto es que el capital quede demasiado atomizado, lo que complicaría las siguientes rondas de inversión.

Algunos emprendedores recurren al bootstrapping para evitar tener que diluirse en esta ronda, o compaginan las primeras fases de desarrollo del producto con otros trabajos o actividades para poder mantener una fuente de ingresos recurrente sin acudir a financiación ajena, aunque demasiadas veces estas tácticas provocan retrasos y abandonos de los proyectos por falta de dedicación o necesidad de recursos.

Ronda seed:

La ronda seed o semilla requiere que el proyecto se encuentre en una fase cercana al lanzamiento, bien previa o inmediatamente posterior.

En estas rondas podemos encontrar una variedad amplia de perfiles de inversión: desde business angels hasta fondos especializados en seed o early stage, aceleradoras, bancos e instituciones públicas.

Los requisitos básicos para conseguir capital en una ronda seed serían:

Disponer de un producto desarrollado, en lanzamiento o cerca de su comercialización;

Disponer de un equipo ya formado, que cubra las principales necesidades del proyecto;

Preferiblemente, haber llevado a cabo unas primeras ventas para demostrar cierta tracción y disponer de KPIs (Key Point Indicators o indicadores clave) que permitan hacer proyecciones sencillas.

Las rondas seed suelen conllevar una inversión de entre 150.000€ y 500.000€, dependiendo de las necesidades del proyecto, con valoraciones que oscilan entre los 600.000€ y los 2.000.000€, dependiendo del sector, la tracción y el equipo.

La finalidad de una ronda seed es completar el equipo e impulsar la comercialización del producto a partir de los indicadores de los que ya dispone el la compañía.

Los expertos solían situar el equity gap en España –es decir, el tramo en el que resultaba muy complicado encontrar inversores- entre los 300.000€ y 1.000.000€. Sin embargo, en la actualidad, con la proliferación de aceleradoras y fondos especializados, es posible acceder a estos importes a través de la co-inversión.

Uno de los principales riesgos que puede encontrar una compañía en esta fase son los préstamos convertibles que podríamos llamar "de mentira", es decir, aquéllos en los que el prestamista pretende obtener los mismos derechos que un inversor antes incluso de capitalizar la deuda, pese a asumir un nivel de riesgo muy inferior, con un horizonte de conversión difuso y que no puede ser controlado por el equipo fundador.

Ronda A: crecimiento:

Una Ronda A exige que el proyecto tenga tracción e indicadores (KPIs) claros y un producto o servicio consolidado en el mercado, ya que su principal finalidad es el crecimiento del proyecto a través de distintos mecanismos, como son la internacionalización, el desarrollo de nuevos proyectos o la firma de alianzas estratégicas.

El importe de una ronda A parte de 1,5 millones de euros y su techo está alrededor de los 10 millones de euros, aunque algunas operaciones pueden llegar hasta los 15-20M, dependiendo de las necesidades del proyecto y del sector.

Los acuerdos de inversión y los pactos de socios en estas operaciones suelen incluir cláusulas más duras y restrictivas para los socios previos que en rondas anteriores, tales como exclusividad, liquidación preferente o distintos niveles de veto frente a decisiones que afectan a materias clave de la sociedad.

Un riesgo característico de esta ronda es la valoración de la sociedad: si es demasiado alta y sobreviene una siguiente ronda por debajo de dicha valoración, el derecho de no dilución de los inversores puede hacer que el equipo fundador y los socios anteriores se diluyan de forma acelerada.

Los principales inversores en este caso son los fondos de capital riesgo, family offices y grandes empresas para quienes esta inversión sea estratégica.

Ronda B: desarrollo:

En una ronda B, el proyecto debe haber sido capaz de tener éxito en el lanzamiento de uno o varios servicios o productos y de demostrar que su crecimiento es sostenible y susceptible de ser acelerado a través de la inversión. Se trata de proyectos con equipos consolidados y profesionales, presentes en distintos mercados y con un suelo estable que permite hacer proyecciones fiables de desarrollo.

La finalidad de una ronda de desarrollo es afrontar nuevos retos, distintos del mero crecimiento, como la diversificación del producto, la adquisición de empresas o unidades de negocio competidoras o complementarias o la consolidación en grandes mercados exteriores.

La inversión típica en una ronda B parte de los 15 millones de euros y suele incorporar la compra de participaciones (cash out) de los primeros socios, que han acompañado al proyecto durante sus primeros años de vida.

En una ronda B o de desarrollo es frecuente que se produzca una renovación del equipo directivo para incorporar directivos con experiencia en las afectadas en este nuevo momento del proyecto; en consecuencia, es importante que el equipo fundador sea adaptarse y definir su posición dentro de la nueva organización.

Fases y documentos utilizados en las rondas de inversión

Artículos realizado por Luis Gosálbez.

Una de las primeras cosas que aprenden los emprendedores e inversores primerizos es que cada operación de inversión es única y su ejecución depende de muchos factores, como la experiencia del equipo de emprendedor (conocida también como seniority), la madurez del proyecto, la distribución del capital, el importe de la ronda o el perfil de riesgo del inversor.

Sin entrar en los detalles puramente económicos o de negocio de la operación, los pasos de los que consta un procedimiento habitual de inversión son los siguientes:

Deal Flow /Deal Screening:
Un inversor reconocido suele recibir cientos, incluso miles de proyectos al año para analizar. Este conjunto de propuestas de inversión suele denominarse deal flow o flujo de propuestas, y su gestión, mediante la aplicación de criterios de selección que permiten al inversor decidir qué proyectos se ajustan mejor a su perfil de inversión, se suele denominar deal screening o selección de propuestas.

Podéis encontrar artículos, libros, documentales o, incluso, programas de televisión que os darán consejos sobre cómo pasar este filtro inicial; la realidad es que, al margen de los indicadores básicos, esta decisión suele depender de cuatro factores: equipo emprendedor, producto, tracción y momentum; además, cada inversor tiene un perfil, una experiencia, un conocimiento y un nivel de riesgo distinto, por lo que no tiene sentido presentar exactamente el mismo resumen ejecutivo (executive summary) a inversores distintos.

Algunos inversores exigen un nivel mínimo de facturación o tracción antes de entrar a analizar una operación; otros sólo entran en determinados sectores (e.g. e-health, e-commerce o gaming) o tienen exigencias muy específicas en cuanto a la distribución del capital, la ubicación geográfica o la forma corporativa.

Hay muchas formas de conocer los criterios de selección de un inversor mediante tecnología inversa: analizar su cartera de empresas invertidas para confeccionar un patrón; acudir a sus charlas, presentaciones, leer los artículos que publica o, lo que es mejor aún, preguntarle abiertamente a través de un contacto.

Por eso es tan importante que los emprendedores eviten la tentación de regar a un conjunto indefinido de inversores con su executive summary –o, lo que es peor, con un business plan genérico de 30 páginas- y trabajen su DSO (Deal Screening Optimization). Los inversores hablan entre ellos y un comentario negativo de un inversor que ha recibido un executive summary totalmente desalineado con sus criterios de inversión puede cerrar muchas puertas.

Carta de Intenciones:

Muchos inversores, especialmente los fondos de inversión y los inversores institucionales, exigen la firma de una carta de intenciones antes de iniciar la negociación o el estudio en profundidad de un proyecto.

La carta de intenciones (en inglés, letter of intent) carece de valor contractual por sí misma, salvo en determinados aspectos especialmente indicados, como la confidencialidad de la información que se pondrá a disposición del inversor o quién pagará la due diligence o a los abogados en caso de que la negociación llegue –o no- a buen puerto.

Mediante la negociación y firma de ese documento, las partes definen el marco de la operación, delimitando los principales puntos alrededor de los que se vertebrará el documento final.

Es necesario analizar con mucho detenimiento las cartas de intenciones, ya que algunas de sus cláusulas pueden ser vinculantes para las partes desde el momento de la firma.

Otros documentos afines a la carta de intenciones son:

Term sheet u hoja de términos: resumen de las principales cláusulas aplicables en una operación de inversión.

MOU (Memorandum of Understanding): documento suscrito entre, al menos, dos partes interesadas en llevar a cabo una operación de forma conjunta en el que se recogen las bases de acuerdo.

Due Diligence:

Una vez que todas las partes están de acuerdo en el marco de la operación, los inversores pueden solicitar la elaboración de una due diligence por parte de un tercero especializado.

El objetivo de la due diligence es determinar si la compañía objeto de la potencial inversión, esto es, su órgano de administración ha actuado con la diligencia debida en la gestión de la compañía (de ahí su nombre) y detectar posibles riesgos, contingencias, que se pondrían de manifiesto en el marco de la operación de inversión; para ello, se analizan las principales fuentes de responsabilidad de una empresa (financiera, legal, laboral y fiscal) y las áreas críticas para el proyecto concreto (a modo de ejemplo, privacidad, propiedad intelectual y licencias, entre otras).

Es muy importante que el emprendedor haya hecho una revisión previa de las principales áreas de su negocio antes del inicio de la due diligence, para evitar salvedades o incumplimientos que pueden reducir el valor de la sociedad o, incluso, romper la negociación entre las partes.

El procedimiento de due diligence suele durar entre 2 y 4 semanas, dependiendo de la situación de la empresa analizada, y tiene como resultado un informe que reúne la opinión del experto con respecto a las distintas áreas.

Es norma habitual que las partes alcancen un acuerdo previo al inicio de la due diligence por el cual el inversor sólo pagará los costes asociados a este procedimiento en caso de que finalmente decida no invertir en la sociedad; si finalmente se lleva a cabo la operación, la compañía objeto de revisión estará obligada a pagar este informe, normalmente, con un coste máximo predefinido.

Pacto de Socios y Acuerdo de Inversión:

El último paso que precede a la ejecución de la operación de inversión es la negociación de los términos en los que se producirá la misma (acuerdo de inversión) y de las normas que regularán la relación entre los futuros socios en lo sucesivo, así como la toma de decisiones por parte de la sociedad (pacto de socios).

Cada vez resulta más habitual que ambos documentos – acuerdo de inversión y pacto de socios- se integren en un único documento que describe la situación actual de la empresa, los pasos a seguir a continuación de su firma y los acuerdos alcanzados por los socios, que regirán la vida social en lo sucesivo.

En realidad, el pacto de socios es el documento central de todo el proceso de inversión, ya que en él se detallan los efectos que la operación tendrá en la vida de la sociedad y de los socios y directivos; el acuerdo de inversión en muchos casos se limita a ser un calendario detallado de pasos y un listado de documentos que describe el proceso a seguir y los principales acuerdos alcanzados entre las partes.

Si las partes han suscrito una LOI (letter of intent), term sheet o MOU (memorandum of understanding) con anterioridad, el texto del pacto de socios debería ajustarse con la mayor fidelidad posible a los acuerdos contenidos en aquellos documentos, a fin de evitar nuevas negociaciones.

No obstante, resulta habitual que se aprovechen debilidades aparecidas en la due diligence para renegociar condiciones que ya habían sido pactadas anteriormente, demorándose la potencial inversión durante semanas o meses respecto a cuestiones aparentemente cerradas.

Un mecanismo para mitigar estas situaciones consiste en dejar cerrado el texto del pacto de socios en la LOI o MOU, con cláusulas que penalicen la inclusión de otros acuerdos y, por otra parte, preparar con antelación el procedimiento de due diligence de modo que las contingencias se conozcan antes de redactar los referidos documentos.

En cuanto a las contingencias detectadas, es habitual establecer umbrales de responsabilidad que son cubiertos personalmente por el equipo fundador, de acuerdo con el impacto que dichas contingencias pueden provocar al proyecto como, por ejemplo, multas, sanciones o pérdida de activos.

Las coberturas personales y los acuerdos particulares entre algunos de los socios (por ejemplo entre el inversor y los socios fundadores) pueden regularse en el pacto de socios o en otros documentos firmados en unidad de acto, denominados side letters, que tienen como finalidad regular acuerdos que no afectan a todos los socios y, por tanto, no es necesario incluirlos en el pacto general.

Pactos de Socios anteriores:

Uno de los momentos más importantes de la negociación de un pacto de socios es la revisión de los acuerdos anteriores alcanzados entre las partes.

Es muy frecuente que un pacto de socios incluya una cláusula que obligue a los nuevos inversores a aceptar dicho pacto antes de adquirir participaciones o acciones de la sociedad; en este caso, únicamente podría aceptarse un nuevo pacto de socios, distinto al anterior, si todos los socios anteriores –o la mayoría de los mismos, según cómo esté regulado este apartado en el propio documento- acepten el nuevo texto.

Conceptualmente puede no ser necesario que todos los socios firmen el mismo documento (el acuerdo de inversión y el nuevo pacto de socios); sin embargo, algunas de las cláusulas –en especial las que garantizan la liquidez de la inversión- carecen de efecto si no son aceptadas por todas las partes, por lo que es importante reflejar en el acuerdo (anterior) mecanismos que nos permitan evitar que socios con participaciones muy minoritarias puedan vetar la firma de un nuevo documento. En ocasiones, el único mecanismo para evitar el bloqueo por parte de estos es provocar un cash out (venta) de sus participaciones sociales.

Ejecución de la operación:

El protocolo de firma de la operación de inversión dependerá de varios factores, pero los pasos más comunes son los que se exponen a continuación; para la descripción de los mismos usaremos la nomenclatura correspondiente a una sociedad de responsabilidad limitada (no a una sociedad anónima).

Celebración de una junta general por parte de la sociedad, en la que se acuerda llevar a cabo un aumento de capital y modificar los estatutos para implementar los acuerdos recogidos en el pacto de socios y en el acuerdo de inversión, en la medida que sea posible. Los socios actuales renuncian a su derecho de asunción preferente para permitir la adquisición de las participaciones por parte de los nuevos inversores.

Celebración de la reunión del consejo de administración, figura normalmente impuesta cuando entra un inversor en el capital de una sociedad, en la que se adopten acuerdos tales como el discernimiento de cargos o el otorgamiento de poderes.

Como consecuencia de lo anterior, redacción de un acta para la reunión de la junta y otra para la reunión del consejo de administración, y de una certificación conjunta de los acuerdos de la junta general y del consejo que deban inscribirse en el Registro Mercantil. En los ejemplos que hemos puesto, todos los acuerdos que se han citado serían inscribibles.

Elevación a público de los acuerdos adoptados por la junta general y por el consejo de administración. Si los inversores ya han desembolsado el importe correspondiente a través de transferencia o ingreso en la cuenta corriente de la sociedad, será necesario aportar un certificado bancario acreditándolo. Si el desembolso se lleva a cabo en el momento de la elevación a público, se adjuntará copia del instrumento utilizado (preferiblemente cheque bancario) y del número de cuenta correspondiente.

En unidad de acto, aunque normalmente se firma antes de la elevación a público de los acuerdos y, en especial, antes de llevar a cabo el desembolso, firma del pacto de socios en documento privado. El pacto de socios puede elevarse a público.

Inscripción de los nuevos socios en el libro-registro de socios.

Declaración y liquidación de impuestos.

Inscripción del aumento de capital y del resto de acuerdos inscribibles adoptados por la junta general y por el consejo de administración en el Registro Mercantil.

El pacto de socios y el documento de inversión no tienen que ser obligatoriamente elevados a público. Dependiendo del importe de la operación, el coste puede no justificar su firma ante notario, dado que son perfectamente ejecutables y exigibles como contratos privados.

Las principales ventajas de su elevación a público son que las partes no podrán alegar desconocimiento del mismo ni discutir su fecha, y las condiciones no deberán ser objeto de prueba, por lo que las partes podrán –no siempre- solicitar su ejecución sin necesidad de pasar por un procedimiento declarativo previo.

La valoración de la empresa

Artículo realizado por Iván García Berjano.

¿Qué valor tiene una Startup?

Primero es necesario aclarar una cosa para no llevarnos a engaños, no voy a dar la fórmula mágica para valorar tu empresa. Lo que sí voy a proporcionar es un método objetivo que justifique lo que puedes pedir. Luego entramos en este punto, de momento quiero transmitir el primer y más importante principio básico que hay que tener presente para valorar una empresa.

¿Qué crees que influye en la valoración de una empresa? El estado de madurez, si estás facturando, el valor de la tecnología, los resultados futuros, el ROI, el WACC... No voy a negar que en mayor o menor medida todo esto puede influir positivamente o negativamente sobre la valoración de una empresa, pero no es la esencia.

La Ley de la Pasta.

Tenlo claro, lo único que tiene verdadero valor es ¡¡¡la pasta!!! Y por tanto, el valor de tu empresa está únicamente relacionado con la capacidad futura de generar dinero. Es muy sencillo, cuando un inversor vaya a invertir en una empresa pensará en muchas cosas, pero finalmente todos esos factores se traducirán a: si yo meto 100k quiero sacar 1.000k en 5 años.

Simple y llanamente, yo pongo 100 y quiero 1.000, 400 u 800 cada inversor tendrá sus expectativas. No busca palabros ni fórmulas matemáticas, busca que su dinero retorne con creces. Entonces, si lo que persigues es que te inviertan 100k en tu empresa por un 10% de participación, o bien convences al inversor de que dentro de 5 años vas a vender la empresa por 10 millones para que reciba su millón, o difícilmente nacerá el amor en esa relación.

Ésta es la base. Entendido esto, el resto será más fácil de digerir.

La Ley de Oferta y Demanda.

Este es otro punto importante a tener en cuenta. Ya veremos más adelante que es posible realizar una valoración basada en un método objetivo, el Descuento de Flujo de Caja que en mi opinión es el único válido, aunque ha sido prostituido por muchos en el sector del emprendimiento dado que es muy complicado concretar los flujos de caja de una startup. Pero, a poco que se entiendan las matemáticas, se sabe que esa mayor incertidumbre significa que hay más riesgo y que eso precisamente es lo que hace el Descuento de Flujo de Caja; ponderar los flujos futuros en base al riesgo percibido.

La incertidumbre de los flujos proyectados para Repsol es menor que la de tu empresa, claro, por eso el accionista Repsol no espera multiplicar su dinero por 10 en 5 años. En realidad, el Descuento de Flujos de Caja es lo que ya hemos visto (si yo pongo 100k quiero recibir 1 millón), pero aplicando un método más sofisticado.

Volviendo a la oferta y demanda, por muy objetivos que seamos en nuestro método de valoración y por muy magníficas que sean las proyecciones que hagamos en Excel, al final lo que impera en la valoración de una startup es la ley de oferta y demanda.

O en otras palabras, donde coincida lo que el emprendedor está dispuesto a ceder con lo que el inversor está dispuesto a meter. Ahí, en esa intersección, está el valor real de una empresa.

Las dos líneas no coinciden en ningún punto, por lo que o alguno de los dos cambia radicalmente de expectativas o todos sabemos lo que va a pasar. Sí, la empresa valdrá 0 porque no se realizará ninguna operación. Entonces, primer punto para el emprendedor: bajar sus expectativas. Eso o pedir una segunda hipoteca para prescindir del inversor.

Entonces, entre que nos aseguramos que nuestras expectativas son realistas, desplazando nuestra curva hacia la izquierda y nos apalancamos en un buen plan de negocio y discurso para aumentar la confianza del inversor en nuestro proyecto, desplazando su curva hacia la derecha, conseguimos sentar un escenario de posible acuerdo.

La Ley de Maduración.

Una vez superado el dilema de la ley de oferta y demanda tenemos un posible cierre y, por tanto, un posible precio. Este precio ahora depende de la ley de maduración. Cuanto más maduro está el proyecto, menor el riesgo y por tanto el inversor pedirá menos retorno, lo que se traduce en una valoración mayor. Es decir, la valoración de tu empresa puede ser mayor a medida que el proyecto esté más o menos consolidado. Simplificando, depende de en cuál de estas cuatro fases se encuentra:

IDEA: trabajando sobre el producto y hablando con el cliente.
PROTOTIPO: tenemos algo ya funcional y beta testers.
VENTAS: alguien está dispuesto a pagar por esto, ya tenemos nuestras primeras ventas.
TRACCIÓN: modelo de negocio comprobado y rodado. Ahora necesito gasolina para crecer.

Ahora, si la valoración de tu startup se encuentra en los tramos altos o más bajos depende fundamentalmente de lo sólido de los hitos conseguidos y de la última ley de la valoración; la ley de la confianza.

La Ley de la Confianza.
Olvídate de métodos y olvídate de obtener un valor objetivo e irrefutable, es cuestión de confianza en tu promesa, de lograr que tanto emprendedor como inversor confíen en la ejecución del plan de negocio. Si existe confianza en la ejecución del plan de negocio presentado, el método de Descuento de Flujos de Caja es la solución para establecer una valoración razonable. Me refiero a que con la base de unas proyecciones financieras, profesionales, realistas y que el inversor se pueda

creer, debes establecer un valor objetivo razonable (VOR) a defender frente a potenciales inversores.

El discurso ante un inversor lo resumiría de la siguiente forma:

1. Tengo un plan de negocio creíble.
2. Tengo un equipo capaz de cumplirlo.
3. El resultado son estas proyecciones financieras.
4. Generaremos estos flujos de caja para el inversor (¡¡¡La Pasta!!!)
5. Aplico el método del Descuento de Flujo de Caja
6. Obtengo la VOR.

PD. Y estoy dentro de los rangos aceptados por el mercado.

Dicho esto, debo incidir que el quid de la cuestión está el Exit. Los flujos que produce una startup son reducidos y por tanto la rentabilidad se obtiene a través de la salida que en el 95% de los casos es la venta de la sociedad. Aquí vuelve a interferir la incertidumbre y el escepticismo. ¿Cómo basas todo el valor de tu empresa en una posible salida dentro de 5 años? Pues porque es la razón por la que se invierte en una empresa. El inversor, consciente o no, no invierte porque tienes un producto estupendo, tampoco porque cree en el equipo emprendedor. Invierte porque todo eso le hace creer que dentro de 4 o 5 años va a obtener unas plusvalías.

Es posible que me repita, pero merece la pena, la clave está en tener un plan de negocio creíble. Si creo en el plan de negocio, me tengo que creer la foto de empresa que se describe en el plan de negocio en el año 5. Sólo queda convencer que esa salida es realista comparándolo con operaciones similares del presente.

En definitiva, todo se resume simplificando mucho a que el inversor crea el siguiente razonamiento o similar: "Si meto 250k y la empresa dentro de 5 años vale 7,5 millones, con tener un 33% sacaré 2,5 millones y cumplo mi objetivo de multiplicar por 10 mi dinero."

Ésta es la filosofía, ahora lo único que hacemos para sofisticarlo es, en vez de hacer esta regla sencilla, aplicar a cada uno de los valores del Equity Cash Flow la fórmula del DFC para hallar que el valor de la empresa es 750k hoy y por 250k se debe obtener el 33%.

Por tanto, llegados a este punto podemos resumir que:
1. La esencia de la valoración está en la capacidad de generar pasta para el inversor.
2. Si nuestras expectativas están fuera de mercado, nuestra empresa vale cero.
3. A mayor maduración, menor riesgo y mayor valoración.
4. Debo convencer que mi empresa tendrá un valor determinado de salida para el inversor.
5. Usamos el Descuento de Flujos de Caja para alcanzar una Valoración Objetivo Razonable.

Pero sobre todo, la valoración de tu empresa no es la aplicación de unas fórmulas matemáticas, sino de un plan de negocio creíble traducido a unas proyecciones financieras y flujos de caja de forma profesional.

Los préstamos participativos en la financiación de la empresa

Los préstamos participativos son una de las formas de financiación más utilizadas por las nuevas empresas innovadoras en la actualidad y pueden venir tanto de inversores públicos como privados, ya sean entidades financieras o inversores particulares, que lo ven como una mejor opción para invertir en las empresas.

Se trata de un tipo de préstamo destinado a empresas que se caracteriza por la participación de la entidad prestamista en los beneficios de la empresa financiada, además del cobro, por regla general, de un interés fijo, siendo una fórmula de financiación intermedia entre el capital social y el préstamo a largo plazo. Su regulación básica se recoge en el Real Decreto-Ley 7/1996, de 7 de junio, sobre medidas urgentes de carácter fiscal y de fomento y liberalización de la actividad económica, así como en la posterior Ley 10/1996, de 18 de diciembre, de medidas fiscales urgentes sobre corrección de la doble imposición interna intersocietaria y sobre incentivos a la internacionalización de las empresas.

Los préstamos participativos suelen ser un tipo de préstamo vinculado a entidades prestamistas de capital público, como el caso de la Empresa Nacional de Innovación, S.A. ENISA en España.

En base a la legislación existente se extraen las características principales de los préstamos participativos:

1. Tienen un vencimiento a largo plazo, por lo que financiarán la inversión a largo de la empresa, y habitualmente un largo período de carencia en la devolución del principal.

2. La entidad prestamista percibe un interés variable determinado en función de la evolución de la actividad de la empresa beneficiaria, de ahí que se consideren "participativos". El criterio para determinar dicha evolución es amplio, pudiendo referirse al beneficio neto, al volumen de negocio, al patrimonio total o a cualquier otro que libremente acuerden las partes contratantes. En la praxis suele fijarse como referencia el beneficio o la cifra de negocios, siendo habitual que se fije un límite máximo a este interés de tipo participativo. También suele pactarse un interés fijo independiente de la evolución de la actividad.

3. Tienen un rango de exigibilidad subordinado a cualquier otro crédito u obligación de la empresa beneficiaria, situándose sólo delante de los socios de ésta, lo que permite a la empresa mantener su capacidad de endeudamiento y lleva al prestamista a asumir un riesgo similar al de los propietarios. Suele requerirse que la empresa posea unos fondos propios superiores al préstamo, de este modo la entidad prestamista se asegura no arriesgar en el proyecto más que ella.

4. Se consideran patrimonio neto a los efectos de reducción de capital y liquidación de sociedades previstas en la legislación mercantil, aspecto que cobra especial importancia en caso de situación económica desfavorable de la empresa, ya que permiten retrasar su liquidación ofreciéndole más oportunidades de recuperación.

5. Sólo se pueden cancelar anticipadamente si se compensan con una ampliación de igual cuantía en el capital de la empresa. De este modo, la empresa no se descapitaliza y se evita el perjuicio a otros acreedores que tenga ésta. Las partes pueden acordar una cláusula penalizadora en caso de amortización anticipada.

6. Los intereses devengados, tanto fijos como variables, por el préstamo participativo se consideran partida deducible a efectos de la base imponible del Impuesto sobre Sociedades del prestatario.

Si como emprendedor estás trabajando en el proceso para obtener financiación, te recomiendo que consideres la opción de los préstamos participativos, tanto de cara a la financiación pública como para la privada, ya que son una opción muy interesante y pueden ofrecer mayores ventajas que los modelos de inversión convencionales de entrada en capital.

El crowdfunding como alternativa a las formas de financiación tradicional

Más allá de todo lo que hemos estado comentando anteriormente respecto a la inversión en nuevas empresas, creo que es interesante que hablemos de una nueva opción que tenemos los emprendedores para financiar nuestros negocios. Se trata del crowdfunding y a continuación podéis conocer las que para mi son las principales razones para usarlo en el desarrollo de nuestro proyecto como emprendedores.

Cuando un referente como Tim O'Reilly dijo en 2012 que Kickstarter sería la próxima gran empresa tecnológica tras Facebook, es porque algo importante está sucediendo con el crowdfunding. A lo largo los dos últimos años hemos podido comprobar cómo este fenómeno no se ha quedado con anécdotas o excepciones, como las protagonizadas por los casos de los relojes Tiktok Lunatik, con un millón de dólares recaudado y Pebble, con 10 millones de dólares recaudados. Sino todo lo contrario, cada día encontramos nuevos casos de éxito a nivel internacional, como una impresora 3D llamada Form 1 y que lleva recaudados 2 millones de dólares o los primeros casos de éxito de emprendedores españoles que han logrado financiar sus ideas gracias al modelo de preventa que se desarrolla a través de Kickstarter.

Mi relación con el crowdfunding comenzó mucho antes de que supiera el nombre que posteriormente se le puso a este concepto, fué en 2006 fruto de analizar la necesidad de financiación que tenían muchas startups que estaban naciendo tras la burbuja de Internet. Posteriormente y cuando este fenómeno ha empezado a ser más conocido he tenido la oportunidad de utilizar el crowdfunding para financiar mi libro Emprender Ligero, varios proyectos de Iniciador y esta guía de inversión en startups que ahora estás leyendo. Además desde Loogic participamos en la puesta en marcha de una de las primeras plataformas de crowdfunding para startups que se lanzaron a nivel mundial. Ahora Seedquick se prepara para una nueva etapa tras un tiempo en el que el mercado ha ido madurando por lo que tiene mucho más sentido apostar por este tipo de iniciativas tan innovadoras. Fruto de esta experiencia cada vez estoy trabajando más para ayudar a emprendedores a utilizar el crowdfunding en sus startups y lo estoy haciendo a través de charlas, cursos o mentoring especializado en crowdfunding.

Si hablamos de crowdfunding en general creo que aún estamos en una fase muy inicial de todo este fenómeno y que en los próximos años veremos cómo se convierte en una verdadera revolución social. Los más de 1.000 millones de dólares recaudados por más de 50.000 proyectos gracias a más de 5 millones de mecenas a través de Kickstarter son solo la punta del iceberg de una nueva forma de poner en marcha proyectos de todo tipo por parte de inventores, creativos y emprendedores que hasta ahora no contaban con una herramienta tan potente para hacer realidad sus ideas.

Probablemente una de las mejores cosas que está sucediendo en relación con el crowdfunding, es el gran impulso que le está dando muchísima gente que está invirtiendo su tiempo y su dinero para darlo a conocer entre el gran público. Son muchos emprendedores que están creando nuevas plataformas de crowdfunding o medios online dedicados a difundir este fenómeno y sobre todo son muchos emprendedores que están utilizando las plataformas de crowdfunding para dar a conocer sus ideas y recibir los apoyos de otras personas que se convierten en sus primeros clientes y sobre todo descubren que hay una nueva forma de comprar, de consumir o incluso de convertirse en pequeños inversores o mecenas de gente creativa o emprendedora.

Ante todo este fenómeno las startups no pueden quedarse fuera y tienen que aprovechar la gran oportunidad que supone como alternativa a otras formas de financiación tradicionales y sobre todo como una nueva forma de desarrollar su modelo de negocio. Cada vez son más las startups que han entendido esta situación y lo están aprovechando pero creo que aún son pocas y creo que es importante entender todo lo que el crowdfunding puede aportarnos para decidir lanzarnos a utilizarlo en nuestros proyectos como emprendedores. A continuación os dejo las razones por las que yo considero que el crowdfunding es una gran oportunidad para las startups y por lo que os animo a utilizarlo en vuestras empresas:

El crowdfunding es la mejor forma de validar tu idea de negocio: el concepto de preventa llevado a Internet probablemente es uno de los mejores inventos de los últimos años y simplifica enormemente ideas y metodologías de las que ahora se habla mucho como es el Lean Startup. El vídeo, los textos, las fotos y el prototipo necesario para publicar un proyecto en una plataforma de crowdfunding es el mejor ejemplo de MVP a desarrollar por una startup, porque serán los usuarios los que a través de sus aportaciones demostrarán el interés real que pueda haber en el mercado por el producto o servicio que queremos desarrollar.

El crowdfunding te ayuda a poner el foco en tu proyecto: porque muchos emprendedores dedican demasiado tiempo a elaborar un plan de negocio y buscar financiación cuando deberían estar trabajando para preparar su proyecto de cara a conseguir el primer cliente que esté dispuesto a pagar por su servicio o producto. Con el crowdfunding se simplifica enormemente este proceso y todo el trabajo que vamos a realizar va a repercutir directamente en la parte de desarrollo de producto y ventas que al final es lo más importante en una startup.

El crowdfunding es la mejor forma de empezar una campaña de marketing viral: el éxito de una iniciativa de crowdfunding depende en su gran parte de la capacidad para dar a conocer la idea y lograr que sean los propios mecenas los que ayuden a hacerla viral porque serán los primeros interesados en que el proyecto salga adelante. La famosa viralidad de la que tanto se habla en el mundo del marketing está muy bien lograda en las campañas de crowdfunding y tiene un gran apoyo en blogs y redes sociales que son los medios por los que se difunde ese virus en forma de idea de un inventor, creativo o emprendedor. La motivación y vinculación emocional con el proyecto que llegan a tener los mecenas que participan en una campaña de crowdfunding es el mayor aliado para las startups que sueñan con que sus clientes sean sus mayores prescriptores.

El crowdfunding es la mejor opción para sacar adelante ideas locas: ¿alguien se imagina a los creadores de la Ostrich Pillow buscando financiación bancaria para fabricar y poner a la venta su famosa almohada para aeropuertos? ideas como esta y otras miles nunca podrían haberse convertido en algo real al alcance de mucha gente si no hubiera sido por la posibilidad de que sea la propia gente (y no un banco) la que diga si algo así merece poder salir al mercado y venderse a nivel mundial.

El crowdfunding es la mejor alternativa a la financiación tradicional: si lo pensamos bien el crowdfunding es elevar a la máxima potencia la forma tradicional de financiar empresas llamada Friends&Family. Sin utilizar intermediarios que encarecen enormemente los procesos de financiación como son las entidades financieras y enfocados exclusivamente en el producto y el cliente. De esta forma se eliminan cantidad de ineficiencias que en muchas ocasiones entorpecen enormemente las posibilidades de desarrollo de las startups y que para muchas empresas además, ha supuesto el cierre debido a la falta de financiación. Algo que ahora está mejorando considerablemente gracias al crowdfunding y otras alternativas como el peer to peer lending.

El crowdfunding te genera libertad frente a inversores: cuando para muchas personas una de las principales razones para emprender es la libertad de ser el dueño de tu propia empresa no tiene sentido que en muchos casos esa libertad se pierda por tener que dar entrada a inversores que se acaban convirtiendo en tus jefes. Aunque muchos inversores entienden perfectamente su papel en la startup y aportan mucho más valor que el simple dinero, también es cierto que en otras ocasiones los inversores pueden restar esa libertad buscada por los emprendedores. Ahora gracias el crowdfunding los clientes se convierten en inversores y se convertirán en la prioridad por parte de la empresa lo cual resulta mucho más lógico desde el punto de vista del desarrollo de negocio de una startup.

El crowdfunding también te puede ayudar a conseguir inversores: llegado un punto en el que la empresa ha validado su modelo de negocio gracias al crowdfunding y la fase de viralidad debe ser potenciada con estrategias de marketing online y branding muchas empresas optarán por recurrir a inversores que por ejemplo puedan apoyar la expansión internacional de la empresa o el desarrollo de su modelo de negocio. Para estos inversores serán tremendamente importante saber que la startup ha logrado despertar el interés de sus mecenas a través de su compromiso de aportación económica para hacer su proyecto realidad. Los inversores que cada vez más buscan las métricas de la startup y ya no les interesa ver el plan de negocio, entenderán perfectamente la relevancia que tiene para una empresa haber tenido el éxito realizando una campaña de crowdfunding.

El crowdfunding te ayudará a sacar lo mejor de tí mismo: ha llegado el momento de decir que realizar una campaña de crowdfunding no es sencillo, que al menos la mitad de los proyectos que se publican en las plataformas de crowdfunding no logran la cantidad económica buscada, pero sin duda estoy convencido de que vale la pena intentarlo. Pero si nos lanzamos a desarrollar una campaña de crowdfunding tenemos que darlo todo para lograr el éxito. Tenemos que darlo todo a la hora de contar nuestra idea de negocio, a la hora de definir unas recompensas que resulten realmente atractivas para los mecenas y sobre todo a la hora de dar a conocer la campaña para que llegue a convertirse en algo viral que corra como la pólvora a través de blogs, medios de comunicación y redes sociales.

El crowdfunding aún está empezando, seguro que lo que está por venir es aún mejor: las plataformas de crowdfunding especializadas en startups aún están dando sus primeros pasos, la gran masa de usuarios de Internet aún no conoce el crowdfunding y las normativas legales aún no están adecuadamente preparadas para facilitar y fomentar esta forma de financiación de las ideas y proyectos. Está claro que aún queda mucho por hacer en el mundo del crowdfunding y nosotros podemos ser protagonistas de esta gran revolución, aprovechar el crowdfunding para contagiar a todo el mundo con la idea de negocio que tenemos en la cabeza y que deseando salir para convertirse en una realidad.

El crowdfunding es la mejor forma de emprender ligero: es tan fácil complicarse la vida creando una empresa que creo que tenemos que hacer todo lo posible por simplificar los procesos y eliminar o retrasar al máximo las fricciones que suelen aparecer en la puesta en marcha de una nueva empresa. Simplificando mucho la situación podemos decir que para desarrollar una campaña de crowdfunding no necesitamos tener una empresa, ni registrada una marca, ni patentes de nuestro producto, ni muchas otras cosas que pensamos que son estrictamente necesarias. Aunque con el tiempo si que vayamos a hacer todas esas cosas, el crowdfunding nos aporta una nueva perspectiva donde nos quitamos los miedos a que nos copien la idea, de que necesitamos financiación para poder un producto en el mercado y otras muchas cosas que nos alejan de nuestra prioridad que deben ser los clientes. Los clientes que gracias al crowdfunding además se convierten en nuestros socios e inversores y nos irán marcando el ritmo en el futuro de nuestra startup.

Los emprendedores y startups españoles también tenemos interesantes casos de éxito en el uso de crowdfunding y vais a poder ver cómo estamos ante una opción real de cara a poner en marcha nuestras ideas de negocio. Por la situación económica, el crowdfunding puede ser muy buena alternativa a otras opciones posibles hasta ahora, como era la financiación bancaria, financiación pública o por parte de inversores particulares. Los dos casos de éxito más recientes logrados en Kickstarter por parte de emprendedores españoles son L8 y Ostrich Pillow, ambos han logrado cifras de financiación en torno a los 200.000 dólares, lo cual, por el tipo de producto que ofrecen, habría sido casi imposible de lograr por las vías de financiación convencionales.

La idea y la forma de presentar son las claves para el éxito de un proyecto que busca financiación en modo preventa a través de una plataforma de crowdfunding, como puede ser Kickstarter, para todo tipo de ideas como pueden ser películas y videojuegos o del tipo de Quirky que se dedica sobre todo a productos. Una idea que si os habéis fijado en los casos de éxito que he comentado, ha de ser de una gran originalidad y resultar muy llamativa para conseguir la visibilidad necesaria que atraiga a la gente a comprar el producto antes de haber sido fabricado. Los blogs y las redes sociales serán también grandes aliados para atraer compradores para el producto ya que en la viralidad que se pueda lograr para dar a conocer la idea será donde se decida el éxito de la campaña.

Creo que es una suerte para los emprendedores que el modelo de crowdfunding esté teniendo tanto éxito, no sólo en Estados Unidos con plataformas como Kickstarter, sino que también en España donde están funcionando algunas webs con este modelo como es el caso de Lánzanos que ya ha logrado financiación colectiva para muchos proyectos como pueden ser películas, música y videojuegos. Además recientemente en Lánzanos se ha producido el récord absoluto de recaudación con el proyecto Heroquest 25 aniversario. Está claro que hay un condicionante inicial para poder optar a una iniciativa de este tipo: hay que ser muy creativo y tener capacidad para dar a conocer tu idea a través de la red, pero ahí está el reto y me parece que puede ser muy satisfactorio comprobar cómo hay gente que le gusta tu idea y que es capaz de pagar por ella antes de poder disfrutar del producto que has ideado.

Mi experiencia personal en el uso del crowdfunding es fantástica y por eso os lo recomiendo de forma tan efusiva, por ponerte un ejemplo, este libro que estás leyendo ahora se ha financiado a través de una campaña crowdfunding en la plataforma Lánzanos en la que han colaborado más de 250 personas, al igual que otros proyectos que he puesto en marcha en los últimos meses a través de Loogic.

La inversión a nivel internacional

La captación de financiación por parte de fondos internacionales, no es demasiado habitual entre las startups españolas y creo que es algo que debe cambiar para que nuestro sector logre la proyección que se merece. A nivel de segundas y terceras rondas sí que hemos visto bastantes operaciones donde fondos internacionales, tanto europeos como de Estados Unidos, tomaban posiciones en empresas ya asentadas o incluso con beneficios. Lo que no es nada habitual es que en la primera ronda el emprendedor logre que participen business angel o pequeños fondos a nivel internacional.

Algunas excepciones recientes han sido protagonizadas por ejemplo por 500startups que se ha convertido en un referente a nivel mundial por tener una gran capacidad de atracción de talento, parte del cual ha sido de emprendedores españoles, que de esta forma han puesto un pie en Silicon Valley, desde fases muy iniciales, conscientes de la importancia que tiene pensar en global desde el primer día de actividad de la empresa. De esta forma se hace imprescindible que el emprendedor tenga la posibilidad de viajar para tener presencia en aquellos países donde tiene previsto desarrollar su estrategia, lo cual a su vez supone un importante gasto, por lo que muchas veces es necesario contar con una financiación previa que han podido aportar inversores a nivel local.

La suerte que tenemos los emprendedores españoles es que de vez en cuando surgen oportunidades interesantes para poder conocer inversores internacionales, sin tener que salir fuera de España, por ejemplo en los últimos años se están organizando eventos que buscan atraer el capital extranjero para invertir en startups españolas. Algunos de estos eventos pueden ser Spain Startup & Investor Summint y también Foundum Unplugged. Son sólo dos ejemplos, pero seguro que si estamos pendientes a la agenda de eventos sobre nuevas tecnologías y startups podemos encontrar muchas oportunidades donde poder localizar inversores internacionales, por ejemplo en grandes eventos como el MWC o en eventos más pequeños donde se organizan foros de inversión o donde se trae a los inversores para que participen como ponentes.

Más allá de esto también comienzan a surgir oportunidades para que las startups puedan destacar ante inversores a nivel internacional, por ejemplo gracias a webs como angel.co y Startupxplore, que están realizando un gran trabajo para dinamizar el ecosistema de la inversión en startups a nivel internacional y también por la aparición de nuevas formas de inversión como puede ser la propuesta por el fondo kima15.com que "industrializa" y simplifica enormemente el proceso de inversión en startup en fases iniciales.

Por lo tanto, la inversión en una empresa española, por parte de fondos internacionales es una opción que debemos tener en cuenta desde un principio y que debería formar parte de nuestra estrategia inicial, para de manera ideal, poder contar con inversores de manera diversificada tanto españoles como de otros países que nos puedan facilitar todo lo relativo a la expansión internacional de nuestro negocio.

La opción del tech angel como alternativa de inversión

Artículo realizado por Ángel Luis Quesada.

Al llegar hasta aquí, el lector debería ya reconocer perfectamente los términos Business Angel, Seed Capital, Venture Capital y apreciar la valía de los mismos a la hora de hacer llegar una empresa a buen término.

Si el lector está interesado en el sector del emprendimiento, también debería saber la necesidad que tiene de contar con un buen equipo interno de desarrollo, o con agencia online o una empresa de desarrollo que, aún no formando parte interna del proyecto, si que esté perfectamente alineada con la idea de producto que se tiene y que ayude y aporte al éxito de la Startup.

E incluso debería estar familiarizado con los perfiles del CTO y del CIO, o incluso con la necesidad de incorporar un socio con un perfil más tecnológico a la estructura accionarial de la empresa, alguien con una vista técnica que sepa traducir las necesidades del negocio en un producto final y pueda ayudar rápidamente a tomar las mejores decisiones desde un punto de vista.

Para intentar suplir todas estas necesidades nace el concepto de Developer Angel, que viene a posicionarse como una fusión del Business Angel, del CTO del proyecto y la agencia de desarrollo online.

Y sobre todo nace con la vocación de ayudar al emprendedor e intentar aportar toda la experiencia, el apoyo y el compromiso necesario en las fases más tempranas del producto.

No es un concepto nuevo, ya que muchas empresas de desarrollo se han visto, en alguna ocasión, tan integradas con un determinado proyecto que, de forma natural, han acabado convirtiendo esfuerzo en participación accionarial, pasando así de ser un recurso externo a ser parte importante del producto final.

La diferencia con la llegada del Developer Angel, o Tech Angel, es la profesionalización de estas inversiones tecnológicas, manteniendo así el foco en la participación y especialización en el desarrollo de Startups.

Se podría decir que es un puesto intermedio que intenta complementar todas las diferentes opciones que hay en el mercado, aportando lo mejor de cada una de ellas e intentando mejorar en lo peor de las mismas.

Al igual que pasa con el Business Angel o el Seed Capital, el Developer Angel puede realizar una inversión en el proyecto a cambio de una participación del mismo. Esta inversión, aunque puede ser económica, suele estar asociada al esfuerzo técnico a realizar, intercambiando así el valor económico de dicho esfuerzo por participación en la empresa.

A diferencia del Business Angel, el Developer Angel si se involucra de forma pro-activa en el proyecto. La inversión principal está en el desarrollo, en la conceptualización del producto y en la planificación estratégica del proyecto. Y este es el principal valor diferencial frente al Business Angel; no solo invertir monetariamente, sino invertir con personal y experiencia, creando un equipo dedicado en exclusividad a lanzar el proyecto, tratándolo siempre como un proyecto propio.

Por otro lado, al igual que un CTO o director tecnológico, el Developer Angel aporta toda su experiencia y sus conocimientos, aportando así todo el análisis y el punto de vista técnico necesario para el correcto desarrollo del negocio.

Pero se diferencia del CTO en la integración de todo un equipo de profesionales que potencian el conocimiento colectivo del puesto, no solo hay una persona, sino que hay toda una estructura de trabajo, desde analistas, expertos en usabilidad, desarrollo de backend y frontal, hasta expertos en desarrollo móvil, diseño e incluso negocio. Y todo este equipo, además, con una pluralidad de conocimientos del sector que viene dada por la necesidad de tener que dar respuesta a diferentes proyectos de índoles muy distintas.

Al igual que una agencia de desarrollo online o un equipo interno de trabajo, el Developer Angel aporta todo un equipo técnico necesario para planificar, definir y desarrollar el proyecto, así como para ayudar en la fase de lanzamiento del mismo.

A diferencia de la agencia de desarrollo online existe un apoyo real en el proyecto, no solo una motivación económica a la hora de desarrollarlo, sino que se cree realmente en la idea y se lucha por el éxito de la misma. El Developer Angel lucha por alinearse en todo momento con el proyecto buscando así, no lo más fácil y rápido de desarrollar, sino lo que mejor viene al modelo de negocio, algo difícil de conseguir con una empresa de desarrollo externa.

En cuanto al equipo de desarrollo interno, aporta velocidad y reducción de costes. Velocidad por contar con un equipo de profesionales ya acostumbrados al trabajo a realizar y que no necesitan adaptarse a un nuevo proyecto. Reducción de costes al no necesitar soportar la empresa los costes que supondría tener a todo ese equipo activo y siendo 100% productivo.

Y, ¿de dónde nace el término Developer Angel?

Nace de la necesidad que toda Startup tecnológica tiene en sus comienzos de incorporar todo un equipo de desarrollo a un bajo coste. Gente especializada en el desarrollo de startups, en la planificación estratégica y en la definición y conceptualización del modelo que aporte un valor diferencial en el desarrollo del proyecto.

En una fase inicial del proyecto, todo coste cuenta, y la inversión tecnológica es uno de los mayores handicaps a la hora de lanzar un proyecto, por lo que la apuesta por esta estructura mixta y a bajo coste puede ser útil para reactivar el mercado y ayudar en el lanzamiento de nuevas startups.

¿Qué tiene que ver el Media For Equity con el Smart Money?

Para el que sea la primera vez que oye hablar de este concepto del Media For Equity, hay que decir que se trata de una forma novedosa de "inversión en especie", donde la empresa que participa como inversor en lugar de aportar dinero, lo que aporta es visibilidad o capacidad para dar a conocer la empresa en la que participa como inversor.

El Media For Equity es algo bastante nuevo y aún no tenemos mucha experiencia en nuestro mercado como para poder sacar muchas conclusiones de su utilidad para las nuevas empresas. Si que es cierto que ya ha habido algunas operaciones, sobre todo de empresas de comercio electrónico, que dan entrada en su accionariado a empresas de medios de comunicación a cambio de conseguir publicidad gratis en Televisión. Los resultados hasta el momento son muy dispares, algunas de las campañas han dado muy buenos resultados, porque el producto que se vendía era muy apropiado para la televisión y en otros casos los resultados han sido bastante pobres.

En estos momentos las principales empresas de medios de comunicación, que están apostando por Media For Equity son Mediaset y Atresmedia, que ya han realizado varias operaciones al respecto y fruto de ello cada vez es más habitual que nos encontremos campañas en televisión de empresas de Internet. Esta situación ha coincidido con una

181

crisis importante en el mercado publicitario que hay hecho que se reduzcan los ingresos por publicidad y por lo tanto las empresas de medios han decidido diversificar con la entrada en otros negocios y de esta forma darle una utilidad a su inventario sobrante de publicidad.

El emprendedor e inversor Carlos Blanco fue uno de los primeros en hablar en su blog sobre el Media For Equity y trasladar a los emprendedores una serie de consejos sobre cómo utilizar esta opción de inversión en especie para sus empresas. Estos son sus consejos al respecto: que la publicidad tenga un valor justo en mercado, en algunos casos algunos grupos no te ofrecen el valor real del espacio, sino el precio tarifa (en algunos medios se llega a descuentos del 90%); pactar clara y detalladamente la acción, si se trata de TV dejar claro los canales, horarios, programas o espacio entre anuncios. Si se trata de Internet dejar claro mercados, tipo de publicidad, etc...; tratar de que la publicidad sea lo mejor posible en conversión, mejor CPM que precio fijo, mejor CPC que CPM y mejor CPL que CPC.

Con estos consejos tenemos un buen punto de partida para valorar si puede resultarnos interesante introducir el Media For Equity entre las opciones de inversión para nuestra empresa. Para mi lo más importante es que el emprendedor pueda analizar si se trata de Smart Money para su negocio, es decir, si realmente va a tener un valor mayor que si esa aportación se realiza en dinero y ese dinero se puede invertir en otros canales que reporten un mayor beneficio para la empresa.

En este sentido creo que es importante que una empresa antes de dar entrada en su accionariado a cambio de publicidad a uno de estos grupos de medios de comunicación, pueda conocer la experiencia de otros emprendedores al respecto y sobre todo que la decisión se tome tras haber hablado o incluso negociado con varios de estos medios de cara a poder aceptar la oferta que resulte más beneficiosa para la empresa.

Modelos de inversión de los principales inversores de España

Uno de los principales consejos que que me gustaría transmitirte con este libro es, que antes de reunirte con un inversor para pedirle que invierta en tu empresa, te asegures de que tu proyecto encaja con los criterios de inversión del inversor. Si no es así, tanto el inversor como tú estaréis perdiendo el tiempo y sobre todo la oportunidad de poder estar dedicando ese tiempo a otras cosas que resulten más efectivas para ambos. Como se suele decir, por tomar un café y conocerse no se pierde nada, pero intentar convencer a un inversor de que invierta en tu empresa cuando va en contra de su modelo de inversión, realmente es una pérdida de tiempo.

Con un ejemplo sencillo y práctico lo vas a entender muy bien. Cabiedes & Partners es uno de los principales inversores en empresas innovadoras en España, si lo buscas en Linkedin podrás ver su portfolio, que actualmente consta de más de 30 empresas participadas. Si le dedicas un momento a ver esas empresas participadas, podrás descubrir dos cosas: todas son empresas que desarrollan negocios online y ninguna de ellas está dedicada el sector de los juegos. Esto es así porque su estrategia de inversión en una parte consiste en esa especialización en los negocios online y en otra en no entrar en negocios que no le interesan o no conocen adecuadamente. Por lo tanto si tu empresa se dedica la fabricación de hardware o al negocio de los casinos online, mejor no hagas a los hermanos Cabiedes dedicar el tiempo a conocer tu proyecto y busca inversores que sí que se dediquen a invertir en ese tipo de negocios.

La misma situación ocurre con todos los demás inversores que se dedican a apoyar empresas de emprendedores, ninguno tiene el interés y capacidad para poder invertir en todo lo que le resulte interesante, tan solo en aquello que encaja dentro de sus criterios de inversión. Si un inversor ha decidido que sólo va a invertir en fase de crecimiento, por mucho que le guste una nueva startup que está desarrollando un nuevo modelo de negocio, hasta que la empresa no alcance un adecuado momento de maduración, no podrá participar en ella, a riesgo de perder una oportunidad si la empresa en ese momento ya no necesita a los inversores. Otros inversores, por el contrario, sólo tienen capacidad financiera para participar en las primeras fases de desarrollo de la empresa, cuando la valoración es baja y su aportación puede resultar relevante. En esos momentos es cuando se asume más riesgo, porque existen más incertidumbres, pero al inversor le compensa porque es la forma en la que puede encontrar su espacio dentro del ecosistema y desarrollar un modelo de negocio que le resulte rentable.

Dicho todo esto, si como emprendedor consideras que necesitas financiación para tu startup, lo mejor que puedes hacer es informarte adecuadamente de los criterios de inversión de los inversores a los que has pensado proponer que inviertan en tu empresa. Para conocer esos criterios de inversión tienes varias opciones. La primera es informarte a través de su web, por ejemplo en la web de Kibo Ventures hay una sección dedicada a su estrategia de inversión donde se explica muy bien que ellos invierten en fase early stage, no semilla, cuando el modelo de negocio está probado, en empresas que tienen una visión global, donde el emprendedor ha sido capaz de constituir un equipo y en las que se pueda realizar una inversión relevante para llegar a grandes mercados.

Otro ejemplo es el del fondo Vitamina K que en su web publica su "filosofía de inversión", para la cual busca proyectos con las siguientes características: Un equipo con talento y experiencia en la gestión; Modelos de negocio escalables y sostenibles en el tiempo; Un mercado de potenciales clientes existentes; y con clara proyección internacional. Por lo tanto si tu empresa tiene un marcado componente local y en tus planes no se encuentra desarrollar el negocio a nivel internacional, no tiene sentido que intentes convencer a Iñaki Arrola, que es uno de los socios de Vitamina K, para que invierta en tu empresa.

Para terminar con los ejemplos de fondos de inversión que publican en sus webs los criterios de inversión, veamos el caso de Bonsai Venture Capital. En su web podemos ver su portfolio donde destaca la gran apuesta que ha realizado por los negocios de anuncios clasificados y el buen resultado que le ha dado, ya que ha podido realizar importantes exits con varios de ellos. Por otro lado nos encontramos también con la publicación de sus criterios de inversión, que resultan muy específicos, por ejemplo en cuanto a las cantidades que pueden invertir y el porcentaje de las acciones de la empresa que esas cantidades deben suponer. Por lo tanto nos muestran una especie de plantilla y si los datos de nuestra empresa no encaja con ella ya sabemos que no tiene sentido intentar convencer a los socios de Bonsai para que inviertan en nuestra empresa.

Con todos estos casos de fondos de inversión que publican sus criterios de inversión, nos queda bastante claro que es posible diseñar nuestra estrategia de financiación seleccionando adecuadamente los inversores a los que podemos dirigirnos y con los que podemos tener posibilidades de que nuestro proyecto encaje dentro de sus criterios de inversión. Pero por otro lado nos encontramos con que existen muchos inversores que no han publicado de forma tan clara cuáles son estos criterios, algunos porque no lo han hecho directamente en su web o incluso otros porque ni siquiera tienen una web propia.

Esto ocurre sobre todo con los business angel o aquellos inversores que no están profesionalizados. En estos casos la mejor forma de conocer los criterios de inversión es intentar encontrar publicaciones online donde ellos mismos lo expliquen, por ejemplo entrevistas que se les hayan podido realizar. Igualmente podemos orientarnos por su portfolio para conocer algo de sus criterios de inversión, por ejemplo a través de su perfil en Linkedin, veremos las empresas en las que participan o a través de Loogic podemos ver las operaciones en las que han participado y de esta forma conocer algunos aspectos del tipo de empresas en las que invierten y el tipo de rondas de inversión en las que suelen participar.

Por lo tanto si como emprendedor vas a iniciar el proceso de búsqueda de financiación sin duda vale la pena, que antes de lanzarte con ello le dediques un tiempo a estudiar a los inversores a los que vas a dirigirte para poder presentarte solo a aquellos que realmente pueden estar interesados en tu empresa. Podemos decir que de esta forma estás planificando tu ronda de inversión y esto sin duda va a aumentar considerablemente tu probabilidades de tener éxito.

Encuesta: ¿Qué valoran los emprendedores de un inversor?

Escribiendo este libro ha sucedido una de esas casualidades que tanto me gustan y que creo que vale la pena aprovechar, es lo que algunos suelen reflejar con la frase "hoy se han alineado los planetas" y en este caso debe ser cierto. Justo en los días en los que estoy sobre la importancia del concepto de Smart Money se ha publicado por parte de la Fundación José Manuel Entrecanales la encuesta: ¿Qué valoran los emprendedores de un inversor?

La Fundación José Manuel Entrecanales es uno de los nuevos actores que ha surgido en el panorama del emprendimiento tecnológico en los últimos años. En concreto fué en 2012 cuando publicamos en Loogic su primera inversión en la startup Teambox, desde entonces han participado como inversores en más de 10 startups y han realizado ya sus primeros exits.

La realización de esta encuesta, en la que han sido consultados más de 100 emprendedores, refleja el interés de la Fundación José Manuel Entrecanales por seguir apoyando el emprendimiento a través de la inversión en startups, sobre todo aquellas que realizan innovaciones en materia de eficiencia y sostenibilidad.

Me gustaría aprovechar la publicación de esta encuesta para destacar algunas de sus conclusiones ya que corroboran los aspectos relacionados con el Smart Money que hemos estado comentando en este libro y que en esta ocasión se ven avaladas no solo por mis criterios sino también por los de otros 100 emprendedores que han hecho posible la publicación de este documento.

Para mi la principal aportación que tenemos gracias a esta encuesta es conocer el orden de prioridades que tiene para un emprendedor la aportación que puede recibir por parte de los inversores. El orden de prioridades de esas aportaciones es:

Que tenga un buen network de contactos.

Que me ayude a levantar capital en siguientes rondas con terceros.

Que tenga un proceso de decisión ágil.

Que tenga unos términos de inversión "amigables".

Que conozca el sector.

Que tenga capacidad de invertir en siguientes rondas.

Que sea un buen mentor/coach.

Que haya sido/sea emprendedor.

Que me ofrezca servicios añadidos.

También es interesante observar en esta encuesta las aportaciones de los propios emprendedores encuestados en relación con otros aspectos que valoran de los inversores. Los más destacables de estos aspectos son: Empatía, confianza, paciencia; implicación e involucración en consejo/estrategia; y a poyo a internacionalización.

Me quedo con la idea que transmite "Empatía, confianza, paciencia" porque refleja muy bien el papel tan importante que pueden llegar a jugar los inversores en una empresa, sobre todo en los momentos difíciles y cuando hay que tomar grandes decisiones. Si los emprendedores deciden recurrir a inversores privados, en lugar de solicitar un préstamo o contar con otras opciones de financiación, es porque saben que de un inversor pueden recibir mucho más apoyo, sobre todo en los momentos difíciles, porque un inversor es una persona como el emprendedor y cuando toma decisiones, no lo hace movido únicamente por un razonamiento empresarial, sino también personal.

Por lo tanto ese concepto de empatía es muy potente y refleja que el inversor se convierte en socio de la empresa, de alguna forma asume el riesgo igual que lo hace el emprendedor y por lo tanto forman un equipo que se mueve con un objetivo común. Si como emprendedores somos capaces de lograr que este tipo de inversores participen en nuestras empresas, habremos conseguido mucho más que dinero, tendremos una ayuda de gran valor que sin duda será determinante para lograr el éxito de nuestra empresa.

A continuación podéis conocer las conclusiones a las que han llegado desde la propia Fundación en relación con la realización de esta encuesta y que sin duda les servirán de gran ayuda de cara a enfocar su trabajo como inversores en empresas innovadoras:

Una buena red de contactos, ayuda para conseguir financiación adicional en siguientes rondas y un proceso de decisión ágil son las tres características más valoradas por los emprendedores encuestados.

Ofrecer servicios añadidos, ser un buen mentor/coach y tener experiencia previa como emprendedor son las tres menos valoradas.

Los emprendedores más experimentados (entendiéndose en este contexto por lo que más financiación privada han conseguido) son los que menos valoran que el inversor tenga experiencia previa como emprendedor, que juegue un rol de mentor/coach con el emprendedor, que le ofrezca servicios añadidos o su capacidad para invertir en siguientes rondas. Por el contrario, son los que más valoran el network de contactos del inversor, la ayuda en siguientes rondas de financiación y la agilidad en el proceso de decisión.

Respecto a otras características deseables en un inversor y no recogidas en la pregunta original, destacan ampliamente aquellas relacionadas con la relación personal entre emprendedor-inversor (empatía, cercanía, paciencia, confianza), la implicación del inversor con el proyecto y el apoyo en la internacionalización del mismo.

La aportación de un inversor en los momentos difíciles de una empresa

Pocas veces se puede leer tan claramente la gran aportación que pueden llegar a hacer los inversores a una startup, como cuando el emprendedor Aitor Guevara publicó en su blog el 13 de octubre de 2014 el artículo "Ducksboard, a la Sorking", donde relataba algunos aspectos de la historia de su startup, hasta el momento final de su venta, a una gran empresa tecnológica de Estados Unidos.

En ese artículo se cuenta que en un momento determinado, los fundadores de la empresa, se plantean tirar la toalla y echar el cierre al negocio, porque los resultados que estaban obteniendo no estaban a la altura de lo esperado. Y en ese momento fué cuando los inversores jugaron un gran papel en la empresa, poniéndose del lado de los emprendedores y ayudándoles a levantar la moral para seguir adelante con su negocio. Así lo cuenta el propio Aitor y es de agradecer la gran sinceridad con la que lo hace:

Dos factores clave en la recuperación de la confianza. Primero, y lo que nos sacó del pozo, el apoyo de algunos de nuestros inversores. El retorno de la moral se la debemos al respaldo y los consejos de Rubén Colomer, Juan Luis Hortelano, y sobre todo, Walter Kobylanski. Sin la operación de rescate anímico orquestada por Walter, no hubiésemos salido del fango. Nos hicieron entender que nuestros números no eran ni de lejos lo malos que creíamos que eran y vimos la luz. Gracias siempre, Walter. El espaldarazo inversor final nos lo dieron "los Kibos", Javier Torremocha y Aquilino Peña, que decidieron seguir confiando en nosotros liderando una segunda ronda cuando las cosas no pintaban tan bien. Nuestros socios tiraron de nosotros hacia arriba, y de qué manera.

El apoyo moral es algo de lo que apenas se habla cuando pensamos en inversores que participan en empresas y sin embargo es enormemente importante para el emprendedor. En primer lugar porque supone una constatación de que las ideas del emprendedor están avaladas por más gente, incluso por gente con mayor experiencia en el mundo de los negocios. Cuando un inversor decide invertir en una startup está mostrando su confianza en el emprendedor, en el modelo de negocio y en los planes para llevarlo a cabo. Este apoyo debe ser una garantía que ayude al emprendedor en las primeras etapas del desarrollo de su empresa, sabiendo que cuenta con el aval de sus inversores y que si los planes no van como se esperaban, se puede contar con los inversores como socios para trabajar juntos y mejorar la situación.

En el artículo también se muestra la importancia de contar con inversores que tienen capacidad financiera para apoyar a la empresa en los momentos difíciles, cuando se acaba el dinero en caja y es necesario un aporte extra de financiación, para ayudar a la empresa a desarrollar sus planes. Por esto es tan importante que en el concepto de Smart Money contemos con que los inversores se convierten en socios de la empresa y pasan a tener el mismo interés que el emprendedor para que las cosas vayan bien.

Y para que todo esto funcione adecuadamente es imprescindible que haya sinceridad y transparencia entre los emprendedores y los inversores. Cuando las cosas van mal lo peor que puede hacer el emprendedor es ocultarlo a los inversores, porque si la situación llega a ser desesperada, el inversor no va a confiar en un emprendedor que le ha ocultado información cuando se estaba a tiempo de arreglar la situación y que se pone a buscar ayuda cuando ya es demasiado tarde.

Cuando un inversor invierte en una startup le transmite su reputación

Entre las distintas ventajas de las que se suele hablar en relación con la participación de inversores en una empresa, una de la que no se habla mucho, es la relativa a la reputación que transmite el inversor al depositar su confianza en el emprendedor y por lo tanto también en su empresa. Cuando el inversor decide confiar en un emprendedor y pasa a ser socio de su empresa, está demostrando de manera pública, que muchos de los argumentos aportados por el emprendedor tienen sentido para él y de esta forma otros inversores o el mercado en general, tendrán más razones para confiar en ese proyecto.

Como mejor se entiende esta situación es si pensamos en las operaciones de inversión donde hay un inversor que se posiciona como líder de la operación, es lo que técnicamente se denomina "lead investor" y que se utiliza habitualmente en muchas de las rondas de inversión que solemos publicar en Loogic. Para entender la importancia de esta figura podemos pensar en que por ejemplo en plataformas online tipo Angel List o Startupxplore se promueve especialmente la figura de este lead investor, para que otros inversores se unan a él, en las operaciones que vaya a realizar a través de la plataforma. De esta forma los otros inversores depositan su confianza en este inversor, que ha sido el responsable de realizar la "due diligence" y por lo tanto está dando su aprobado al proyecto para que se pueda realizar la ronda de inversión.

Cuando un inversor, ya sea el lead investor o cualquier otro, decide invertir en una empresa, se está produciendo una operación que tiene la confianza como base y esa confianza se transmite tanto a otros inversores como al ecosistema en general. Si esa operación se produce de manera pública y tiene una repercusión a nivel mediático, las personas que confían en esos medios le van a dar una importancia a la operación, que a su vez ayuda a nivel reputacional tanto a la empresa como al inversor.

Cuando un inversor publica en su web el portfolio con las empresas en las que participa, también le está transmitiendo su reputación, al igual que cuando lo publica en su perfil de Linkedin. Los emprendedores podemos aprovechar esta situación para potenciarla y si contamos con el beneplácito de nuestros inversores, asociar su imagen con la de nuestra empresa, sobre todo de cara a conseguir la confianza de otros inversores, para que se sumen a nuestro proyecto. Hace unos años esto no era muy habitual, porque muchos inversores preferían permanecer en segundo plano, pero ahora si que se ha potenciado mucho el aspecto mediático de los inversores, ya que a ellos les ayuda a conseguir más capital para los fondos de inversión que gestionan y sobre todo les ayuda a lograr un mejor "dealflow" de proyectos en los que invertir, para tener más y mejor entre lo que elegir.

Y en relación con el aspecto mediático de los inversores es donde quizás los emprendedores podemos obtener un mayor beneficio de cara a que nos transmitan su reputación. Esto lo digo sobre todo porque a una empresa que comienza le puede costar mucho llamar la atención de los medios de comunicación y tiene muy pocas oportunidades para acceder a ellos, sin embargo los inversores si que pueden tener mejor acceso e incluso puede formar parte de su estrategia el hecho de comunicar las operaciones de inversión en las que participa. Si aprovechamos esa oportunidad para lograr una primera repercusión a nivel mediático para nuestra empresa, posteriormente nos resultará más sencillo poder hacerlo de nuevo, podemos decir que ese primer impulso a nivel de reputación, nos lo va a proporcionar el inversor, sobre todo si pensamos en que esa reputación va a ser online y las apariciones que logremos en los medios van a ser un elemento importante de cara a que otros medios decidan publicar sobre nuestra empresa.

Cualquier periodista o comunicador, antes de publicar sobre nuestra empresa, se va a informar realizando una búsqueda en Google y las apariciones en otros medios le ayudarán a tomar la decisión sobre si publicar o no sobre nuestra empresa. Esto que puede parecer tan básico y sobre todo tan poco relacionado con el negocio que pretenden desarrollar muchos emprendedores, para mi es muy importante ya que puede ser el comienzo de la construcción de una marca y con el tiempo nos daremos cuenta de que la marca de nuestra empresa puede llegar a ser lo más valioso para nosotros. Es en la marca en la que confiarán nuestros clientes, al igual que los inversores confiaron inicialmente en nosotros y al transmitirnos su reputación dieron una primera ayuda para construir la marca de nuestra empresa de éxito en el futuro.

Invertir la financiación de forma inteligente

La tercera y última parte de este libro está dedicada a trabajar en el aspecto que para mi resulta más fundamental e incluso vital, para el futuro de nuestro negocio. Se trata de asegurarnos de que le damos una buena utilidad al capital que hemos conseguido de los inversores. Si no ponemos el máximo interés y esfuerzo en este aspecto, la situación será peor que en la que nos encontraríamos si no hubiésemos recurrido a financiación externa para nuestra empresa. Sobre todo porque habremos asumido una serie de compromisos con los inversores, incluso una deuda, que puede lastrar enormemente el futuro de nuestra empresa si no logramos darle la utilidad adecuada al dinero conseguido.

Con un ejemplo se entenderá mejor este planteamiento. Muchos emprendedores consideran que cuando consiguen un préstamo de una entidad pública, esto hace que la empresa tenga más valor. Sin embargo los inversores lo consideran de la forma contraria, la empresa tiene menos valor porque ha asumido una deuda que tendrá que devolver con un interés determinado. Si el emprendedor es capaz de darle una buena utilidad a ese dinero y consigue rentabilizarlo, entonces sí que habrá conseguido que darle un mayor valor a su empresa gracias al préstamo recibido, pero eso no ocurre hasta que no se ha demostrado que se puede rentabilizar el capital aplicando el modelo de negocio de la empresa.

Por lo tanto como emprendedor tienes que pensar que en esta fase, del proceso de desarrollo de tu empresa, es donde te enfrentas a un mayor reto. Imagina que eres un cocinero que quieres realizar un gran plato, tu primer objetivo debe ser conseguir los ingredientes y el segundo que esos ingredientes sean de gran calidad, pero el tercer objetivo es el más importante, el que resulta definitivo, si quieres tener éxito como cocinero, tienes que hacer una gran elaboración del plato, porque si no es así, habrás desaprovechado esos ingredientes de gran calidad, que tanto esfuerzo y dinero te han costado conseguir y sobre todo habrás defraudado a tus clientes, que tendrán una mala experiencia contigo y no querrán volver a comer a tu restaurante.

En esta tercera parte del libro vamos a dedicarnos a trabajar en los aspectos en los que debe centrarse el emprendedor para asegurar que invierte adecuadamente los recursos conseguidos para hacer crecer su empresa en los parámetros considerados en el plan de negocio.

Estos son los capítulos de la tercera parte del libro: invertir la financiación de forma inteligente.

40. Tu problema no es conseguir dinero, es saber gastarlo.

41. Invertir para lograr métricas de negocio.

42. Invertir para lograr escalabilidad.

43. Invertir en tecnología

44. Invertir en marketing.

45. Invertir para crear un equipo excelente.

46. Smart Money también es saber vender tu empresa.

47. Consejos para vender una startup.

48. Te la vas a pegar ... Te va a ir bien.

Tu problema no es conseguir dinero, es saber gastarlo

La parte más importante de este libro es la final, en la que vamos a tratar sobre cómo invertir el dinero que hemos recibido de los inversores, de manera inteligente. Cada vez tengo más claro que el gran problema de las startups no es conseguir financiación, sino saber invertirla adecuadamente. Es el mismo problema que tienen los inversores, que además tienen otro aún peor, que es no tener el control de la empresa para tomar las decisiones. Por lo tanto los emprendedores y los inversores tenemos el mismo problema, podemos contar con recursos, pero lo realmente difícil es saber cómo invertirlos. En primer lugar nos encontramos con el problema de los recursos humanos, que va a ser la primera gran inversión del emprendedor, poder fichar a los mejores, para que le ayuden a convertir una idea en un gran negocio. Y en segundo lugar nos encontramos con el problema de la inversión en marketing, a la que la mayoría de las startups dedican una parte muy importante de sus recursos económicos.

Lo que he aprendido desde que vendimos Social Media Factory a Plenummedia y sobre todo por el trabajo que realiza la agencia Relevant Traffic, que pertenece al grupo y está trabajando con éxito con un buen número de startups, es que saber invertir en marketing es lo que puede marcar la diferencia para lograr el éxito en una startup. Por eso cada vez hay entre los inversores más interés por las métricas, pero no tanto de negocio, sino de la capacidad para invertir en marketing y obtener un rendimiento positivo. Como ya hemos comentado anteriormente en este libro, este tema los explica muy bien el emprendedor y business angel François Derbaix en su blog a través de los artículos "modelo de estudio de cohortes" y "consejos de marketing para startups," que sin duda os recomiendo estudiar con profundidad.

Por lo tanto el gran reto del emprendedor pasa por tomar las decisiones que le ayuden a invertir adecuadamente su presupuesto de marketing, contratar a la gente adecuada o subcontratar a una agencia que pueda garantizar una buena inversión de los recursos en las acciones de marketing que correspondan: SEO, SEM, Social Media, Email Marketing, Mobile Marketing, Afiliación, Display, …

Aunque siempre está la posibilidad de que nuestra idea se transmita de manera viral, lo cierto es que en la mayoría de las startups el éxito pasa por saber invertir adecuadamente en marketing. Os puedo asegurar de que tomar esas decisiones es realmente difícil y que probablemente sea una de las principales razones por las que muchas de las startups que cuentan con financiación acaban fracasando. Mi consejo entonces es que una vez que tengamos el MVP en marcha, centremos todos nuestros esfuerzos y recursos en entender cómo debemos invertir en marketing para captar usuarios y para ello sin duda debemos contar con verdaderos profesionales que ya lo hayan hecho con éxito en otras ocasiones.

Invertir para lograr métricas de negocio

Tal y como hemos comentado en el artículo llamado "La primera ronda de inversión se hace pensando en la segunda" resulta fundamental tener una estrategia que nos ayude a financiar nuestra empresa en sus distintas fases de desarrollo. Si para asegurarnos poder realizar una segunda ronda de inversión tenemos que prepararlo cuando estamos realizando la primera, es aún más importante que una vez que hemos conseguido esa primera inversión dediquemos una parte del dinero y de nuestro trabajo a construir un negocio que sea consistente de cara a la realización de una segunda ronda de inversión.

Con esto me refiero a las empresas que hayan considerado que va a ser necesario realizar varias rondas de inversión y que en el caso de no hacerlo no podrán cumplir con sus objetivos. Desde luego no quiero decir que todas las empresas tengan que tener esta estrategia, de hecho ya sabéis que para mi lo ideal es no tener que realizar ninguna ronda de inversión y en todo caso que es mejor hacer una primera ronda pero no necesitar hacer la segunda porque con una primera aportación de capital la empresa es capaz de encontrar un negocio que resulta sostenible en el tiempo. Un caso muy representativo de esto es la empresa Trovit, que tan solo necesitó una ronda de inversión inicial y por una cantidad no muy alta, para convertirse en un negocio muy rentable y posteriormente venderse por una cifra multimillonaria.

En todo caso para aquellos emprendedores que habéis decidido que vais a tener que realizar varias rondas de inversión, por ejemplo la primera para convertiros en líderes en el mercado local y la segunda para realizar la expansión internacional, mi consejo es que tenéis que justificar muy bien el destino de la inversión que vais recibiendo en las rondas de inversión para que os resulte más sencillo todo el proceso de financiación posterior. De esta forma volvemos a encontrarnos con la importancia de la planificación que para mi resulta fundamental si queremos tener éxito en todo el proceso de financiación de nuestra empresa.

En el capítulo de este libro dedicado a la planificación de la ronda de inversión os ponía el ejemplo de cómo se planifican las campañas de crowdfunding y las campañas de marketing, en este caso como se trata de planificar, no una ronda, sino varias, tenemos que pensar en una estrategia global donde vamos a poner la mirada al final del proceso y no solo en el resultado de cada una de las etapas. Por lo tanto podemos pensar en que estamos planificando un gran viaje, por ejemplo una vuelta al mundo, y que en el momento de la partida no contamos con los recursos que nos ayudarán a llegar al final del viaje. En un viaje de este tipo la planificación es fundamental, tenemos que saber para qué nos servirán los recursos con los que contamos en la partida, quizás para comprar los billetes de avión que nos ayudarán a dar los saltos entre continentes, pero también tenemos que saber en qué puntos de nuestro viaje tendremos que detenernos para conseguir más recursos, por ejemplo trabajando a cambio de dinero.

Planificar un viaje de este tipo lleva tiempo, pero igualmente puede producir enormes satisfacciones si podemos completarlo y no tenemos grandes complicaciones por el camino. Lo mismo ocurre con el proceso de creación de una empresa y la generación del negocio correspondiente. Con una buena planificación el resultado puede ser muy gratificante para el emprendedor y para su equipo, aunque todos tienen que saber que en momentos determinados habrá que parar un poco para volver a financiarse de cara a seguir con la estrategia de crecimiento.

La mejor forma de asegurar que vamos a poder obtener los fondos necesarios para continuar con todo este proceso, es centrarnos en obtener unas métricas de negocio que resulten atractivas para nuestros inversores actuales, que puedan seguir apoyando financieramente el proyecto, o para los nuevos inversores que puedan incorporarse a la empresa. Dicho así podría parecer que se trata de maquillar el negocio pero realmente se trata de darle prioridad a aquellos parámetros que nos van a ayudar a desarrollar nuestra estrategia con mayores garantías de éxito.

Una vez llegados a este punto es importante que todos tengamos claro cuáles son las métricas que van a querer conocer los inversores, tanto los que confiaron en nosotros cuando aún no teníamos esas métricas como los nuevos que pueden llegar a incorporarse según vamos evolucionando en nuestra actividad. Las principales métricas que los inversores van a querer conocer son las relacionadas con el negocio, sobre todo aquellas que permiten generar el negocio para la empresa y posteriormente cómo se invierte en la empresa para hacerla crecer.

El emprendedor y business angel François Derbaix ha explicado muy bien en su blog cuáles son son las métricas de actividad de la empresa en relación con su negocio que pueden resultar más relevantes para un inversor y las define a través de estas 3 variables: el CAC (Customer Aquisition Cost, o Coste de Adquisición de Cliente), el LTV (customer LifeTime Value) y la profundidad del estanque en él que estás pescando (captando clientes potenciales). En su blog tiene publicado un artículo llamado "modelo de estudio de cohortes" donde se explica muy bien el concepto de recurrencia, que resulta de gran valor para conocer el negocio potencial que puede llegar a tener una empresa en función de la inversión en marketing y captación de clientes que pueda llegar a realizar.

Como emprendedores uno de los grandes retos a los que nos vamos a enfrentar con nuestra empresa es encontrar los canales de adquisición de clientes que permiten que nuestro negocio sea rentable. Canales de marketing, comunicación y adquisición hay muchos pero no todos son rentables para todo tipo de empresas, nuestro trabajo es encontrar esa senda que nos va a permitir llegar a nuestro objetivo que debe ser construir un negocio rentable para nosotros y para nuestros inversores. Por esto vamos a trabajar más adelante en la importancia que tiene la inversión en marketing dentro del concepto de Smart Money, es decir, invertir la financiación conseguida de manera inteligente, porque lo que yo he podido ver en muchas empresas es que el marketing suele ser el roto por el que se escapa una parte del dinero conseguido por los emprendedores y que en pocas ocasiones se llega a poder rentabilizar.

La tecnología y el equipo de trabajo en la empresa son los otros dos grandes temas en los que los emprendedores más tenemos que preocuparnos y ocuparnos por lograr que ayuden a construir un modelo de negocio sostenible y escalable. De eso también hablaremos en capítulos posteriores de este libro con el objetivo de ayudar a los emprendedores a optimizar lo mejor posible los recursos obtenidos y sobre todo a que la forma en la que se apliquen en la empresa ayude a conseguir los objetivos marcados en la estrategia de negocio.

Invertir para lograr escalabilidad

La escalabilidad es uno de los factores que más interesa a los inversores sobre una empresa, porque en muchas ocasiones es el factor que marca la diferencia entre un negocio que sirve para mantener los sueldos del equipo y aquel que genera beneficios, o incluso posteriormente puede ser vendido para asegurar una salida exitosa para el inversor. Ya sabéis que los inversores no van a invertir en nuestra empresa para ponernos un sueldo y desde luego no quieren entrar a formar parte de empresas que simplemente se mantengan, algunos inversores de una forma un poco cruel llaman a este tipo de empresas zombies, por lo que os podéis imaginar que hacen lo posible de huir de ellas.

Lo peor que le puede pasar a un inversor es perder su dinero en una inversión y lo segundo peor es quedarse atrapado en una empresa, que ni le reporta beneficios en forma de dividendos, ni tiene posibilidades de vender, tan solo le sirve para engordar su portfolio. Cuando se produce una situación como esta, muchos inversores promueven internamente en la empresa que los emprendedores les compren su participación, aunque para ellos no suponga un beneficio, pero al menos no han perdido el dinero invertido y lo pueden dedicar a otra empresa con otras expectativas de rentabilidad para ellos. Por esta razón la escalabilidad es uno de los factores que más le preocupan a los inversores cuando tienen que tomar la decisión de invertir en una empresa.

Para conseguir la escalabilidad en el modelo de negocio de una empresa, necesitamos tener una serie de opciones a nivel de crecimiento y la diversificación de esas opciones es muy importante ya que determinará las posibilidades de futuro de la empresa. Si una empresa encuentra un modelo de crecimiento que resulta escalable, pero ese modelo se agota en poco tiempo, tendrá que buscar otro canal de crecimiento y eso puede ser un desgaste muy importante para la empresa. Con un ejemplo sencillo se entenderá mucho mejor este planteamiento.

Muchas empresas online han usado Google como su principal canal para darse a conocer y acceder a sus clientes. Inicialmente la mayoría de las empresas comienzan con el posicionamiento SEO y gracias a la visibilidad que les aporta Google llegan los primeros clientes. Cuando se trata de seguir creciendo el tráfico natural que reporta el buscar se muestra insuficiente es necesario impulsar ese crecimiento y se recurre a la publicidad en el buscador, el SEM. La publicidad en Google ha resultado muy efectiva para muchas empresas durante mucho tiempo, pero también hay que tener en cuenta que para muchas empresas es una canal que se agota con el tiempo, ya sea por la subida del precio de los clics o por la bajada de la efectividad de la publicidad hacia los usuarios.

Ante esta situación de agotamiento del modelo basado en exclusiva en el marketing de buscadores, en concreto en el marketing en Google (SEO y SEM), muchas empresas han ido desarrollando nuevas estrategias para darse a conocer de forma online, por ejemplo a través de redes sociales, del email marketing y del marketing de afiliación. Una estrategia combinada de todas estas opciones puede resultar muy beneficiosa de cara a lograr la escalabilidad de un negocio que se basa en el marketing online para conseguir ventas.

El desarrollo de canales comerciales es otra de las posibilidades a las que pueden recurrir las empresas para escalar su modelo de negocio. En empresas online no es lo más habitual, pero sí que es así en empresas de servicios y dentro de estas por ejemplo las que ofrecen software como servicio sí que están sabiendo aprovechar adecuadamente esta forma de vender. También aquellas que tienen un fuerte componente local a nivel de su comercialización.

Finalmente la internacionalización puede ser otro de nuestros grandes aliados, cuando queremos escalar el modelo de negocio de nuestra empresa. Además el componente internacional no solo nos puede ayudar a nivel de escalabilidad, sino también a nivel de diversificación, que inicialmente podemos utilizar para la captación de recursos con inversores locales, para desarrollar nuevas vías de negocio basadas en las características propias de cada país e incluso para obtener beneficios a nivel fiscal o de legislación, en función de los países donde vayamos a desarrollar nuestra actividad.

Dedicar una parte de los fondos obtenidos a encontrar la escalabilidad de nuestro modelo de negocio, será una forma inteligente de invertir en nuestra empresa, tanto para asegurar el futuro de la misma, como para tener más posibilidades de poder realizar nuevas rondas de inversión para la empresa. Como emprendedores al frente de nuestras empresas, debemos dedicar suficiente tiempo e interés a trabajar en este aspecto, estudiar otros modelos de negocio que hayan tenido éxito a nivel de escalabilidad e intentar aprender sobre ello. En este sentido a mi me gusta especialmente el modelo de escalabilidad desarrollado por la empresa Trovit y que se basa en la diversificación de temas en los que desarrolla su negocio y también en la internacionalización.

Trovit es una de empresa de Internet creada en España y que ha sido capaz de tener un mayor éxito, tanto a nivel de negocio, como por su posterior venta, por 80 millones de euros a un competidor a nivel internacional. Cuando Trovit empezó a dar buenos resultados a nivel de negocio, es cuando comenzó a desarrollar su actividad en otros países y descubrió que en cada uno de ellos podía funcionar de manera diferente, cada uno de sus ámbitos de actividad. Tenemos que tener en cuenta que Trovit es una agregador de anuncios clasificados enfocado en tres temáticas: vivienda, empleo y coches.

Lo que en Trovit descubrieron es que cada una de esas temáticas funcionaba de manera muy diferente en función de la situación económica de cada país. Por ejemplo en España el tema del empleo está muy mal, pero sin embargo en otros países de Europa es todo lo contrario. Lo mismo ocurre con las otras temáticas, de forma que lo que esta empresa había logrado era un modelo que se podía escalar muy bien por países y además de manera diversificada para no tener demasiada dependencia de una una única temática y en cada país.

En Trovit tenemos un buen ejemplo de cómo debemos trabajar en nuestra empresa para encontrar la escalabilidad y de esta forma asegurar el futuro de nuestro negocio. Por suerte los emprendedores tenemos estos ejemplos para encontrar la inspiración y aprender de ellos para trasladar las cosas positivas a nuestra empresa.

Invertir en tecnología

Artículo realizado por Ignacio de Miguel Ximénez de Embún.

Antes de ver cómo (o cuánto) debemos invertir en tecnología, hay un paso previo para determinar a qué nivel nuestra empresa es tecnológica. Las empresas tecnológicas tienen un valor superior, por un motivo muy sencillo, la tecnología acumula valor por sí misma porque otorga una ventaja competitiva, y su desarrollo no es sencillo ni rápido, es decir, es caro.

De aquí sacamos los parámetros para definir a nuestra empresa desde el punto de vista tecnológico: ¿la tecnología que usamos es fácilmente replicable por la competencia? ¿es rápido y barato disponer de la tecnología que necesita nuestro negocio?

Si la respuesta a estas preguntas es que cualquiera puede disponer de una tecnología similar en poco tiempo, probablemente estamos ante una empresa no tecnológica. Por ejemplo, si estabas pensando que tu tienda online es una empresa tecnológica, siento desengañarte, porque cualquiera puede tener en poco tiempo y de forma sencilla lo mismo que tú, no sólo unos pocos escogidos, sino cualquiera.

Ahora es el momento en el que piensas en Amazon para refutar mi argumento. Y es cierto, Amazon es efectivamente una empresa tecnológica, y no es sólo una tienda online.

Detrás de cada precio de este gigante hay un algoritmo, detrás de cada oferta un análisis matemático, y en sus servidores, más tecnología propia e innovadora (bases de datos, gestión del conocimiento, etc.) que en cualquier otra empresa. No digo que tu empresa no pueda convertirse en un Amazon, pero de momento imagino que estamos de acuerdo en que tienes un largo camino por recorrer.

Pues bien, ya tenemos claro que el mero uso de tecnología no convierte a nuestra empresa en una empresa tecnológica. Hay inversores que no se han parado a reflexionar sobre esta diferencia, y que consideran como empresa tecnológica cualquiera que utilice de forma intensiva la tecnología. No importa tener esta concepción, salvo cuando tenemos que decidir cuántos recursos debemos dedicar a la tecnología.

Si nuestra empresa es tecnológica, es decir, produce y vende tecnología, ésta tomará una parte importante de la inversión. Aun así, lo más importante en toda empresa es vender, que no se nos olvide, así que hay que acordarse de dedicar los recursos suficientes a vender. La inversión en tecnología es conveniente que esté distribuida en el tiempo, incluso supeditada al cumplimiento de determinados hitos de ventas o de evolución de las métricas y comportamiento de nuestros usuarios. Al distribuir la inversión tecnológica en el tiempo, nos estamos dando capacidad de maniobra para modificar o rectificar los desarrollos tecnológicos e incluso la cantidad de recursos que vamos a dedicar en cada momento, bien porque ralenticemos o aceleremos la inversión en función de los resultados de la empresa o de las métricas anteriormente citadas.

Hay una especie de chiste gráfico que muestra un parque con un sendero marcado por adoquines y otro sendero marcado por el paso de las personas sobre el césped del parque. Ambos parten del mismo punto y llegan al mismo lugar, y se dice que el sendero adoquinado es lo que ha previsto el técnico y el sendero hecho a base de pisadas es la experiencia de usuario que es terca y manda sobre cualquier otra cosa. Esto nos va a ocurrir cuando manejamos tecnología, y de ahí que al espaciar la inversión en tecnología y controlando los hitos asociados, obtendremos una mayor garantía de aprovechar adecuadamente los recursos invertidos.

Si nuestra empresa no es tecnológica, es decir, sólo utiliza la tecnología como herramienta, mi recomendación siempre es invertir en tecnología lo mínimo necesario. Lo mínimo no significa "nada", sino "menos". Hay muchas tareas que la tecnología nos puede ayudar a ejecutar, pero que podemos ejecutar de manera más artesanal ahorrando importantes costes de inversión. Cuando la experiencia nos haya demostrado que una tarea se repite con la frecuencia suficiente como para tener que automatizarla, entonces es el momento de hacer la inversión tecnológica en ella, y no antes. De esta forma evitaremos invertir en tecnología que creemos que es imprescindible y sin embargo muchas veces se queda sin usar porque en realidad no lo era.

En otras ocasiones la tecnología es la que permite la escalabilidad de un negocio, pero tenerla disponible no acelera el crecimiento del negocio. Es mejor conseguir primero los clientes que te imponen la necesidad de evolucionar tu tecnología que hacerlo al revés, con el único objetivo de dedicar siempre los recursos a lo más necesario de forma inmediata.

Otra consideración al respecto de la tecnología la podemos hacer en paralelo a cualquier otra área a la que dedicar una inversión. ¿Dedicarías una parte del marketing a un canal que te ha demostrado que no ofrece ningún rendimiento sólo "por si acaso"? ¿Dedicarías una parte de tus recursos a tener una persona dedicada a un área de la empresa sólo para el día que crezca ese área de la empresa? La respuesta evidente es que no, que no vas a sobredimensionar ningún departamento ni vas a dedicar recursos a un canal no productivo. Pues igualmente no hay que dedicar recursos a una tecnología que no hemos experimentado de antemano que la necesitamos.

Para terminar pongo el ejemplo de un caso real, Unikuo, una tienda online de productos de lujo que ofrecía ventajas en el precio (aunque no se definía en particular por ofrecer mejor precio), siempre dentro del lujo. Comenzó con el sector de los relojes y vendió ejemplares incluso de cinco mil euros, para que nos hagamos una idea del precio de los productos.

El proyecto tuvo que cerrar, y su promotor Val Muñoz de Bustillo tuvo la amabilidad de explicar a todo el mundo en su blog los motivos del cierre en el artículo llamado "¿Por qué cerramos Unikuo?

Hay varios puntos, pero el primero es revelador: "Si hubiésemos renunciado a un desarrollo a medida habríamos lanzado antes y con menos inversión." En el segundo punto explica "lo que deberíamos haber hecho es rebajar las expectativas del primer desarrollo", es decir, otra vez la parte tecnológica fue un lastre. Nadie sabe qué hubiera pasado si no hubieran dedicado una gran parte de la inversión a un desarrollo a medida que realmente no necesitaban todavía, pero probablemente la historia hubiera sido distinta. En este proyecto se cometió el error de concepto de considerar a la tienda online como una empresa tecnológica cuando en realidad no lo era.

La decisión de inversión en tecnología debe ser tomada muy desde dentro del proyecto. Con esto quiere decir que hay que conocer el proyecto muy bien, sus necesidades, sus proyecciones y su filosofía para acometer la inversión en tecnología adecuada. Si en el equipo del proyecto no hay un perfil tecnológico, la mejor opción es buscarlo e incorporarlo al equipo. De esta forma las decisiones tecnológicas estarán más afinadas y alineadas con el negocio.

A la hora de decidir las inversiones en tecnología podemos empezar por considerar una regla básica: cuánto más vas a vender gracias a la nueva tecnología. Es decir, las inversiones en tecnología deben ser inversiones productivas, que es por lo que las empresas tecnológicas tienen un alto valor. Cuánto más se va a vender puede significar muchas cosas, desde liberar a una persona para que se dedique a otras tareas que generen ventas, permitir el análisis de datos que optimicen un tanto por ciento las ventas, o aumentar la cuota de clientes por ofrecer un valor añadido con respecto a la competencia, por poner algunos ejemplos.

Invertir en marketing

Por la actividad profesional que he estado desarrollando en los últimos años, relacionada con el marketing online, sobre todo marketing de contenidos y social media, considero que donde más puedo aportar respecto a los temas en los que debe invertir una empresa para crecer y desarrollar su modelo de negocio, es en lo relativo al marketing. En el tema de inversión en tecnología y creación de equipos no tengo tanta experiencia, pero soy consciente de la importancia que tiene desarrollar una estrategia combinada en los tres frentes de actividad.

En una nueva empresa innovadora y de base tecnológica, la mayor inversión en las fases iniciales se va a producir en tecnología, aunque muchas veces esa inversión no sea directamente económica sino de tiempo por parte de los fundadores del proyecto, que pueden tener la capacidad para afrontar ese desarrollo tecnológico. Una vez que la empresa cuenta con un producto que se puede empezar a comercializar llega el momento de afrontar la inversión en personal y la inversión en marketing. Probablemente la mejor opción es que la primera inversión en marketing también la gestione el equipo fundador del proyecto, de forma que se puedan encontrar los canales adecuados para rentabilizar esa inversión.

En todo caso, la mayoría de las veces, para desarrollar una estrategia de marketing que resulte rentable para la empresa, será necesario contar con especialistas en la materia, porque la complejidad del marketing online va en aumento y aún más la competencia, que es la que marca los precios que determinarán si logramos llegar a rentabilizar la inversión que realicemos a nivel de captación en medios online.

En materia de inversión en marketing online, es donde he visto cometer más errores a los emprendedores que comienzan a poner en marcha sus proyectos, así que me gustaría daros una serie de consejos que os pueden ayudar para invertir adecuadamente vuestro presupuesto para marketing online:

Diversifica: considero que debe ser la premisa inicial y principal cuando planificamos la estrategia de marketing para nuestra empresa. En este punto debemos ponernos en la situación de considerar que estamos realizando una inversión financiera, en búsqueda de la rentabilidad de nuestro dinero y tenemos que obedecer una serie de premisas. En la inversión financiera siempre se recomienda que no se invierta un porcentaje relevante en un único tipo de inversión. Por ejemplo una persona o empresa no debería dedicar a inversión más del 10% de su capital, para no poner en riesgo su situación económica. Del mismo modo en una empresa considero que no se debería dedicar más del 10% de presupuesto de marketing a un único canal, para no generar excesivas dependencias en el canal, que en caso de que cambien las circunstancias puedan poner en riesgo la estrategia de negocio de la empresa.

El problema es que cuando hablamos de marketing online y decimos que es necesario diversificar, nos topamos con el todopoderoso Google, lo cual nos genera un complejo importante, al no encontrar otras opciones que puedan resultar tan efectivas. De esta forma nos encontramos con que muchas empresas dedican el 90% de su presupuesto de marketing online a Google, lo cual es enormemente arriesgado, porque cada vez es más habitual que Google realice cambios de algoritmo, que dejan a las empresas fuera de juego y con muy pocas posibilidades de recuperación. El único consuelo que nos queda respecto de Google es la diversificación que supone disponer de las opciones del SEO y el SEM, lo cual nos permite jugar un poco con la estrategia a nivel de tiempo y considerar el SEM como una inversión a corto plazo y el SEO como una inversión a largo plazo, por lo que de alguna forma estaríamos diversificando nuestro riesgo.

Si desarrollamos esa estrategia diversificada, a nivel de lo que sería marketing de buscadores, el siguiente paso es amplificar esa diversificación potenciando otros canales online, incluso offline que nos permitan tener una estrategia equilibrada, en la que huyamos de las peligrosas dependencias como la que hemos comentado para Google. Por lo tanto si queremos aplicar un criterio donde la premisa es la diversificación deberíamos disponer de un modelo donde no invirtamos nunca más de un 10% de nuestro presupuesto de marketing en un único canal.

Por otro lado debemos considerar también una situación donde limitemos al máximo las posibles pérdidas que podemos tener cuando probamos nuevos canales. De esta forma he conocido empresas que se imponen un gasto máximo para cada prueba que realizan en un nuevo canal o en una estrategia. Esta cantidad puede ser por ejemplo de 3.000 euros y debería estar también limitada en el tiempo para que realmente nos sirva para aprender si el canal que estamos probando puede ser realmente efectivo para nosotros. En todo caso el objetivo debe ser descubrir si ese canal y con la estrategia que nos hemos propuesto desarrollar, puede llegar a ser rentable de forma que cuanto más dinero invirtamos en ese canal, más beneficio podamos obtener para nuestra empresa, por medio de la venta de nuestros productos o servicios.

Trabaja con especialistas. Aquí es donde he podido comprobar que también se cometen muchos errores, sobre todo en las fases iniciales de desarrollo de la puesta en marcha de la estrategia de marketing. Los emprendedores tendemos a evitar al máximo los costes de la puesta en marcha y eso hace que muchas veces empecemos con mal pie, sobre todo a nivel de marketing. En marketing online, para realizar una buena puesta en marcha, necesitamos diseñar adecuadamente la estrategia y sobre todo contar con unos conocimientos adecuados a nivel técnico, por ejemplo en lo relativo a la analítica web. Tal y como dijo el científico Lord Kelvin, "Lo que no se define no se puede medir. Lo que no se mide , no se puede mejorar. Lo que no se mejora, se degrada siempre". Lo malo es que aprender analítica web a un buen nivel no es fácil y muchas veces tampoco vale la pena el tiempo que tenemos que dedicarle, seguramente sea mucho mejor contar con un especialista que nos ayude a diseñar la estrategia de analítica de nuestra empresa y posteriormente ser nosotros los que podamos ejecutarla o incluso mejorarla, pero contando con ese apoyo inicial que nos resultará de gran valor.

Igualmente ocurre con el SEO, el SEM, el email marketing y el marketing de afiliación. La diferencia entre hacerlo nosotros y que nos asesore en la puesta en marcha un especialista puede ser muy importante y lo que marque la diferencia entre lograr que nuestra estrategia sea rentable o no lo sea. Una vez que ya se ha realizado esa puesta en marcha y sobre todo que hemos sido capaces de determinar qué canales pueden resultar rentables para nuestro negocio, entonces sí que mi recomendación es que asumamos ese trabajo desde dentro de la empresa, siempre que podamos contar con personas adecuadas para la realización o en todo caso contando también que sea una responsabilidad compartida entre el equipo de la empresa y un equipo externo que sirva de apoyo a la estrategia.

No te acomodes. Es lo peor que puedes hacer cuando las cosas funcionan, pensar que va a ser así para siempre y que todo va funcionar igual de bien durante mucho tiempo. Con el ejemplo que hemos visto anteriormente de los cambios en el algoritmo de Google queda bastante claro que no podemos confiarnos en que todo va a permanecer igual durante mucho tiempo. Lo mismo ocurre con las redes sociales o el email marketing, pequeños cambios que pueda hacer Facebook en la forma en la que muestra nuestros contenidos o que pueda hacer Gmail respecto a lo que considera SPAM, pueden ser enormemente perjudiciales para nuestra estrategia de marketing. Por lo tanto, una vez que como emprendedores hemos decidido que nuestra estrategia de captación de clientes pasa por el marketing online, tenemos que saber que es estrictamente necesario estar alerta y preparado para los posibles cambios que se puedan ir produciendo a nivel de canal y sobre todo que tenemos que tener otras opciones que nos aseguren que si se produce una situación en nuestra contra vamos a tener alternativas para que nuestro negocio no se hunda.

No dejes de probar cosas nuevas. Igual de importante que resulta tener una estrategia diversificada y estar atento a los cambios que se puedan producir en el entorno para modificar esa estrategia, es probar cosas nuevas para detectar oportunidades y encontrar alternativas que nos puedan resultar más rentables. En las nuevas empresas encontrar la rentabilidad es una cuestión de equilibrio y muchas veces las opciones más comunes de captación de usuarios, a través del marketing, no nos permiten alcanzar ese equilibrio, por lo que el modelo de la empresa resulta deficitario hasta que se encuentra una opción más especializada y menos usada por la competencia, que es la que marca la diferencia de cara a que las acciones de captación resulten rentables. Por lo tanto resulta necesario tener esa actitud de probar y experimentar cosas nuevas con el objetivo de encontrar nuevas oportunidades que nos ayuden a mejorar en nuestro negocio y ser más rentables.

A largo plazo lo mejor que puedes hacer es invertir en construir marca. Este es un tema que hace unos años habría sonado raro, pero al que cada vez se le da más importancia por parte de los emprendedores e inversores. Hace unos años los objetivos de marketing pasaban por métricas como el tráfico, los clics, las descargas, los usuarios. Ahora por modelos más sofisticados como el CAC y LTV, pero aún se sigue sin dar la importancia que se merece por parte de las nuevas empresas al valor de la marca. Para construir una gran marca no solo es necesario tener un producto excelente, también hay que darlo a conocer y para ello contamos con la comunicación como nuestro principal aliado. Si tenemos un producto excelente lo siguiente que tenemos que hacer es que lo sepa todo el mundo y seremos nosotros los encargados de comunicarlo. Y para comunicarlo tenemos principalmente los medios de comunicación, los blogs y las redes sociales como los canales por los que transmitir nuestro mensaje, un mensaje que debe ser sincero, honesto y convincente para que realmente cale en la gente y nos ayude a construir marca.

Las empresas que han apostado por construir marca cuando otras muchas dedicaban todos sus recursos a captar tráfico o generar negocio, ahora cosechan sus beneficios en proporciones mucho mayores de las que no lo ha hecho. Un ejemplo muy representativo es el portal inmobiliario idealista.com que ha logrado construir una de las mejores marcas de Internet y que si sigue en ese trabajo de construcción, acabará teniendo una de las marcas más importantes entre las empresas españolas. Para lograr este reconocimiento de marca, en idealista.com han apostado fuertemente por la comunicación tanto a nivel online como de medios de comunicación offline, sin dejar de lado todo el resto de opciones de comunicación convencional y el resultado ha sido excelente.

Con una buena combinación de todas estas opciones de marketing online y comunicación de marca estaremos construyendo un futuro prometedor para nuestra empresa y nos estaremos asegurando la posibilidad de captar financiación, cuando consideremos que sea necesario crecer en nuestro negocio. Como emprendedores debemos tomarnos muy en serio cómo invertimos el dinero que hemos conseguido de los inversores y seguramente en el aspecto donde debamos ser más cuidadosos es en lo relativo al marketing online porque lo que yo he podido comprobar es que es donde más se derrocha el dinero y más errores se cometen. Errores que lastran enormemente las posibilidades de futuro de muchas empresas que podrían haber llegado a ser viables si hubieran realizado una gestión más inteligente del capital captado y sobre todo hubieran diversificado mejor la inversión realizada en los distintos canales de captación de negocio.

Invertir para crear un equipo excelente

Inicialmente este artículo se iba a llamar "Invertir para crear un gran equipo" pero finalmente he pensado que es mejor llamar al equipo excelente antes que grande, sobre todo porque grande no significa siempre bueno, e incluso para una empresa podría resultar negativo en determinados momentos. Hay una parte de grande que si que puede ser buena, en el sentido que podemos darle de fuerte, robusto, con capacidad para hacer grandes cosas, pero también grande puede suponer que sea pesado o lento, lo cual no resulta positivo cuando se trata de hacer crecer una empresa.

Crear un equipo excelente es de las mejores cosas que puede hacer un emprendedor con el dinero de los inversores, ya que gracias a ese equipo es con lo que se podrá ejecutar el presupuesto necesario a nivel de marketing, tecnología y escalabilidad, que son los aspectos en los que considero que vale la pena poner el foco, para hacer crecer el negocio de la empresa. Pero al igual que estoy convencido de que es de las mejores cosas que se puede hacer, también tengo claro que es de las cosas más difíciles de conseguir.

Crear un equipo excelente es tremendamente complicado y continuación podemos ver algunas de las razones. En primer lugar porque se trata de trabajar con personas y esto supone una complejidad enorme a la hora de gestionar intereses, necesidades, formas de pensar, costumbres a la hora de trabajar, ... cada persona es un mundo y lo peor que podemos hacer los emprendedores es considerar que son recursos humanos, porque realmente deberíamos considerarlos socios, en el sentido de que necesitamos una involucración total por su parte para el proyecto o difícilmente lograremos los objetivos necesarios para cumpliar el plan de nuestra empresa.

Y aquí es donde nos encontramos el primer gran problema. En España no es sencillo remunerar a los trabajadores de una empresa con acciones, además de con su sueldo, porque la penalización para el trabajador a nivel fiscal es importante. Por lo tanto nos perdemos esa motivación que puede suponer para una persona que entra a formar parte de una empresa, saber que además de tener un contrato, va a poder ser accionista, por lo que su esfuerzo en la empresa se verá reflejado no solo en la posibilidad de cobrar un sueldo a fin de mes, sino también en el caso de que la empresa reporte beneficios o llegue a ser vendida.

En todo caso si no podemos contar con este tipo de incentivo a nivel accionarial, si que tenemos otras opciones que nos ayudará a motivar al equipo para que se involucre con nuestro proyecto a un alto nivel y que suponga un beneficio importante para nuestra empresa. En primer lugar creo que la mejor opción que tenemos es la motivación de saber que forma parte de un proyecto que vale la pena, que tiene un sentido, que es ambicioso y que puede hacer que cambien las cosas. Dar responsabilidad a la gente y permitirles tomar decisiones es otro de los grandes resortes que tenemos los emprendedores para lograr la motivación de nuestro equipo de trabajo. Al igual que fomentar que se produzca un buen ambiente de trabajo, donde se gente se sienta cómoda para trabajar y para colaborar con el resto del equipo.

Por lo tanto los emprendedores tenemos suficientes recursos para que la gente se involucre en nuestro proyecto y de esta forma nos ayuden a crear ese equipo excelente, necesario para construir un gran proyecto a nivel empresarial y de negocio. Para esto es necesario utilizar bien los recursos económicos que hemos logrado por parte de los inversores y que en muchos de los casos puede suponer la mayor parte del presupuesto. De esta forma tenemos que considerar que la inversión en equipo no tiene tantas posibilidades de hacerse de manera progresiva como puede ser la inversión en marketing, ya que cuando nos comprometemos en contratar a una persona estamos asumiendo un coste importante a nivel del pago de su sueldo y sobre todo sabemos que va a ser de larga duración.

Esta falta de flexibilidad, que nos vamos a encontrar cuando se trata de asumir los costes de la contratación de personal, puede ser uno de los principales escollos de cara a invertir en crear ese equipo excelente, al igual que el gran coste que puede suponer cuando se trata de contratar a gente excelente. En este punto como emprendedores siempre debemos recordar la famosa frase "si pagas con cacahuetes, sólo podrás contratar monos" y esta es la principal razón por la que vale la pena hacer rondas de financiación importantes para una empresa, porque si queremos contratar a los mejores tendremos que pagar como estos se merecen.

La solución en este caso pasa por no contratar únicamente con los recursos económicos que aportan los inversores, sino que podamos contar con recursos propios, a nivel de ingresos que pueda generar la empresa, a través de su propio modelo de negocio. Si somos capaces de construir ese equipo gracias a esos recursos económicos diversificados, la estructura de nuestra empresa será más sostenible y resultará mucho eficiente para el futuro de nuestro negocio.

De esta forma llegamos a un punto donde como emprendedores nos encontramos con que vamos a tener tres trabajos, en primer lugar desarrollar el negocio de nuestra empresa, en segundo lugar financiar la empresa, para contar con los recursos necesarios para afrontar ese desarrollo y en tercer lugar crear un equipo excelente, que asegure el éxito tanto a nivel de desarrollo como de financiación. Ahora tu decisión pasa por elegir a qué dedicas más interés y esfuerzos por tu parte. Sin duda la creación de un equipo excelente es uno de los aspectos que más éxitos te puede asegurar por lo que yo le daría la mayor prioridad posible.

Smart Money también es saber vender tu empresa

A lo largo de este libro hemos hablado de la importancia de considerar el concepto de Smart Money, en las distintas etapas de desarrollo de nuestro negocio, desde el momento en el que como emprendedores empezamos a pensar que vamos a necesitar financiación externa para nuestra empresa, pasando por la forma en la que logramos esa financiación y sobre todo el como la invertimos para potenciar nuestro negocio. Ahora ha llegado el momento de ir un poco más allá y pensar que Smart Money es también saber vender adecuadamente tu empresa, si surge una oportunidad y siempre que forme parte de tus planes como emprendedor.

Llegar a vender su empresa no suele formar parte de los planes de la mayoría de los emprendedores. Creo que la mayoría de los emprendedores no vemos el proceso de creación de una empresa como algo que tenga un final concreto y realmente lo que queremos es construir un negocio sólido, rentable y que aporte valor a la gente, pero no pensamos en que todo esto pueda tener un final para nosotros. Sin embargo los inversores si que piensan en que habrá un final y que ese final pasa porque ellos dejen de formar parte de la empresa, habiendo obtenido unas buenas plusvalías para su inversión.

Si como emprendedores decidimos asociarnos con inversores para utilizar su dinero en la construcción de nuestro negocio, tenemos que ser conscientes de que ellos querrán que la empresa se venda, para obtener unos beneficios de su inversión. En el caso de que el emprendedor y los inversores no estén alineados con ese futuro, surgirán problemas que habrá que resolver sobre la marcha y que pueden perjudicar a la empresa en momentos determinados. En todo caso la salida de los inversores de la empresa no siempre implica una venta total, muchas veces los inversores iniciales en el negocio pueden salir cuando entran nuevos inversores o incluso pueden ser los propios emprendedores los que recompren las acciones de los inversores. En estos casos los emprendedores pueden continuar en la empresa y los inversores aprovechar otras oportunidades de inversión.

En este sentido creo que es tan habitual, o tan poco habitual, la situación de salida donde la empresa se vende, como la de que nuevos inversores dan salida a los inversores iniciales. Tan habitual o tan poco habitual, porque por desgracia para todos, uno de las grandes deficiencias que existen en nuestro mercado es la falta de exits en las empresas, lo cual hace que exista muy poca liquidez en lo que se refiere a la creación e inversión en empresas innovadoras. Para que nuestro mercado realmente llegue a madurar algún día, será necesario que aumenten considerablemente las operaciones de salida de las empresas, al igual que han aumentado significativamente en los últimos años las operaciones de creación e inversión en nuevas empresas.

Y para que esto suceda todos tenemos que arrimar el hombro, porque tengo la impresión de que si en nuestro mercado se compran pocas empresas la culpa no es sólo de que haya pocos compradores o que los posibles compradores no están interesados en comprar este tipo de empresas, sino también de los vendedores que no se preparan adecuadamente para ello y sobre todo que no preparan adecuadamente sus empresas para que resulten atractivas para los compradores.

Por lo tanto en este punto vamos un poco más allá en el concepto de Smart Money y vamos a pensar que dinero inteligente también es aquel que se prepara para que surjan oportunidades de exit, lo cual vamos a entender y aprender adecuadamente en el artículo con encontramos a continuación donde el emprendedor e inversor François Derbaix nos ofrece una serie de consejos para vender un negocio, tras su importante experiencia con la venta de sus empresas Toprural y Rentalia.

Consejos para vender una startup

Artículo realizado por François Derbaix.

Vender un negocio levanta reacciones contradictorias: muchos lo ven como una mala noticia, porque el negocio vendido pierde su independencia, para otros es una gran noticia porque los exits animan al sector, permiten que se financien más nuevos proyectos y forman parte del ecosistema emprendedor.

Mi opinión es que es bueno que los negocios se vendan. En este artículo intentaré explicar el porqué, y dar consejos sobre cómo preparar y realizar una venta con éxito.

¿Puede una empresa Internet mantenerse competitiva de forma independiente durante los próximos 30 años?

Hace décadas, y en sectores de evolución más lenta, un emprendedor podía plantearse seguir con su empresa independiente de por vida. Hoy día, y en Internet en particular parece casi inconcebible. Por ello, si eres emprendedor, plantéate si crees que tu empresa podrá seguir independiente hasta que te jubiles, o si en algún momento tendrás que pasar a formar parte de un grupo más grande. Los que pueden seguir de forma independiente durante más de 15 años (ej. Jeff Bezos de Amazon, Tomás Diago de Softonic) serán probablemente menos del 1% de los emprendedores. Para el 99% restante mejor ir preparando la venta desde el inicio del negocio.

Estrategia: cosas a tener en cuenta desde el inicio.

Quienes son tus compradores:

Piensa bien en quiénes son tus competidores ... más grandes e internacionales, son tus compradores potenciales más probables. En el caso de Toprural la respuesta no era obvia. Durante años estuvimos en un sector extremadamente fragmentado, en todo el mundo con muchas webs de alquiler vacacional de tamaño similar o inferior a Toprural. Luego, desde 2005 cogió fuerza la americana HomeAway, que disponía de una financiación total de 500 M$ y que hizo un enorme trabajo de adquisiciones y de concentración del sector. Entre 2005 y 2010 compraron más de 15 empresas del sector, en distintos países. Luego, en 2010 y 2011, Tripadvisor entró en el sector del alquiler vacacional con las compras de FlipKey y Holiday-Lettings. Cuando ves que tus mayores competidores son grupos internacionales con un tamaño 50 veces mayor que el tuyo y creciendo más rápido que tú es que, a lo mejor, hay que pensar unirse con alguno de ellos...

... y ve a verles allá donde estén. Es importante que tus competidores y compradores potenciales te conozcan en persona. Contáctales y ve a verles aunque estén en la otra punta del mundo (fue un consejo que me dio Jesús Encinar en

2008). Que te vean la cara, que vean que hablas su idioma, que eres una persona profesional, y que España no es sólo Flamenco y Sangría, si no también un sitio donde hay empresas de primer nivel. Puede que no sea el buen momento para hablar de compra-venta: el objetivo es que te conozcan, y tengan tu contacto.

Pacto de socios: Drag along y Tag along.

Un buen pacto de socios es otro elemento importante para agilizar la futura venta. En particular me parecen muy importantes las cláusulas de Drag Along (arrastre, si ya sabes de qué no dudes en saltar al siguiente punto). Con la cláusula de arrastre los socios mayoritarios tienen derecho de obligar a los minoritarios vender con ellos en caso de venta de la empresa. Permite al socio de control negociar la venta en nombre de todos los socios, sin que el comprador corra el riesgo de tener que negociar con cada socio por separado. Esta cláusula suele ser acompañada por un Tag Along (cláusula de acompañamiento), que da el derecho a los socios minoritarios de vender junto con los socios mayoritarios en caso de vender la mayoría de las participaciones de la empresa.

Intenta también que sean pocos socios, si posible no más de los dedos de la mano, o a lo sumo de las manos y de los pies. Gestionar una venta con más de 20 socios, como lo teníamos en Toprural, es una complicación que a lo mejor te puedes ahorrar.

Audita tus cuentas:

Otro gran consejo de Jesús Encinar, que fue socio de Toprural desde el 2006, fue de auditar nuestras cuentas con un auditor de reconocido prestigio internacional. Que tus cuentas estén auditadas por un Big 5 (PwC, Deloitte, E&Y, KPMG, BDO) dará mucha tranquilidad a los posibles compradores, y facilitará mucho el proceso de due diligence que precede cualquier compra de empresa. Te recomendaría empezar con este proceso desde los primeros años de vida de la empresa, para dar confianza a tus inversores, y para tener mínimo 2 o 3 años ya auditados antes de una posible venta.

¿Cuándo vender?

¿Demasiado pronto o demasiado tarde?

Es más frecuente vender demasiado tarde (o no vender) que demasiado pronto: hay muchos negocios en venta, pero muy pocas operaciones. Si miras las adquisiciones de empresas Internet en España en los últimos 18 meses (2011 y hasta mayo 2012), verás que hay muy pocas operaciones. Siguiendo la recopilación de Loogic, en la Internet española, incluyendo empresas de hosting, sólo he encontrado 6 operaciones: Letsbonus (vendido a LivingSocial en 2011), Acens (vendido a Telefonica en 2011), Sync (vendido a Arsys en 2011), Glamourum (vendido a JolieBox en 2012), Rentalia (2012) y Toprural (2012). En el mismo momento sólo recuerdo 1 compra significativa de una web extranjera por una empresa española (Dress-for-less adquirida por Privalia en 2011).

Hay cientos, si no miles, de negocios Internet en España y sólo he encontrado 6 operaciones... Por supuesto también hay algunas operaciones debajo del radar, porque no se han querido hacer públicas, u otras que se comunican como ventas de empresas pero que en realidad son más bien liquidaciones de activos a precio de saldo.

Cuándo más valor se crea con la venta del negocio.

Creo que un negocio se puede vender cuando apenas tiene meses de vida (como Glamourum que fue adquirida después de menos de 1 año de vida) o cuando lleva muchos años (como Toprural, después de 12 años de vida). En todo caso en mi opinión el mejor momento es cuando vale más para el comprador que para tus accionistas (cuando se crea más valor para el comprador), y cuando hay mayor competencia entre compradores potenciales, porque es el momento en el que el emprendedor podrá negociar mejor la venta.

Recuerda también que el crecimiento se valora tanto como los beneficios: si creces mucho no significa que debas esperar para vender mejor, puede ser que en 1 año tengas más beneficios, pero si tienes entonces menos crecimiento es posible que tu empresa valga menos.

Implica el primer ejecutivo en la decisión:

Otro punto importante es implicar al primer ejecutivo de la empresa en la decisión y en el proceso de venta. Probablemente será la persona clave en la transición post-compra, y en la próxima salida del emprendedor. En el caso de Toprural nuestro COO, Rafael Pérez-Olivares, fue parte integrante de todo el proceso, aunque no en primera línea para que pueda seguir gestionando Toprural mientras yo estaba personalmente más absorbido por el proceso de venta.

El proceso de venta.

Con o sin broker:

El broker es un vendedor de empresas que podría ayudarte con la identificación de compradores potenciales, la presentación de la empresa, la negociación del precio y la gestión del proceso de venta. Creo que es mejor contratar a uno en caso de que el mercado esté caliente, aunque te cueste entre el 2,5% y el 10% o más del precio de la venta. Si hay varios compradores potencialmente muy interesados es probable que este intermediario consiga subir el precio de la venta más que el coste que supondrá para los vendedores. A cambio si el mercado no está demasiado caliente te recomendaría gestionar la venta en directo. Al no encarecer tu precio de venta con las comisiones del broker, es posible que llegues más fácilmente a un acuerdo con el comprador potencial. La negociación en directo, sin intermediario, también agiliza el proceso.

Mejor un precio relativamente bajo que una no venta:

Si quieres vender pide un precio relativamente bajo: es mejor vender barato que no vender (como dicen en inglés, "don't be greedy"). A cambio si no lo tienes demasiado claro puedes pedir un precio relativamente más alto (valga la perogrullada) y asumir que probablemente tardarás años en llegar a un acuerdo. Por ejemplo en el caso de Toprural, llevábamos más de 4 años en contacto con algún comprador potencial.

Contrata el mejor abogado:

Contrata el mejor abogado, con experiencia en M&A (Mergers & Acquisitions). La negociación del contrato de compra-venta es la parte más difícil, incluso más complicada que la negociación sobre el precio. Por ello busca un abogado de primer nivel (ej. Garrigues, Baker, Gómez Acebo y Pombo, …) o un freelance con una buena experiencia en este tipo de operaciones. Para Toprural y Rentalia trabajamos con mi amiga Sol Fernández-Rañada, que ya tenía la experiencia de muchas compra-ventas de empresas off y on-line.

No mentir:

Tu credibilidad es tu mayor activo: una sola mentira y la tiras por la borda. Si hay algún punto negro en tu empresa, saca el tema pronto durante el proceso. Es mejor que lo traigas tú a que el comprador tenga la sensación de haber pillado algo y que podría haber más problemas potenciales. El proceso de venta es un proceso de mucha incertidumbre para el comprador: tranquilízalo todo lo que puedas siendo transparente.

Top secret:

El secreto es tu mejor aliado, los rumores pueden tumbar una venta (coméntalo sólo a los imprescindibles). Ya sé que tendrás ganas de contarlo a tus socios, empleados, familiares y amigos, pero aguanta: un rumor además de poder tumbarte la venta, también puede proyectar una imagen de debilidad de tu negocio.

Prudencia:

Prudencia: una venta no está hecha hasta que el dinero está en la cuenta. Nunca lo des por hecho, habla siempre en condicional ("en caso de que salga la operación, ...", no anticipes decisiones y no dejes que el comprador potencial influya en tus decisiones de negocio. Hasta el último día es posible que una operación se cancele, y tienes que estar preparado para seguir con el negocio como si nada hubiera pasado (me pasó, en 2011, con una operación que se cayó a 1 mes de cerrarse, por un cambio de estrategia del comprador potencial).

En todo caso personalmente me parece que las ventas de empresas son parte del ciclo de vida de un negocio, y parte del ecosistema emprendedor. Si eres emprendedor te deseo de verdad experimentarlo: Dale alas a tu negocio, Déjale volar, y sobre todo ¡que te sobreviva!

Te la vas a pegar ... Te va a ir bien

Me gustaría finalizar este libro compartiendo con vosotros una serie de reflexiones, que publiqué hace un tiempo en Loogic, como resultado de haber visto la presentación de cientos de startups en foros de inversión y haber desarrollado cierto "olfato", sobre lo que puede funcionar y lo que no va a funcionar, entre todo lo que cuenta un emprendedor, cuando intenta vender su proyecto a los inversores. Aquí tenéis las reflexiones, que publiqué en su momento y que se convirtieron en el artículo de mayor éxito de todos los publicados en Loogic hasta el momento:

"Te la vas a pegar":

Si piensas que vas a crear el próximo Google: y no lo digo porque no crea que puedas ser igual o mejor que Sergey y Larry, sino porque en España es imposible reproducir el ecosistema que tienen en Estados Unidos y que sin duda es una parte muy importante del éxito que han tenido empresas como Google o Facebook.

Si piensas que vas a facturar trescientos millones en tres años: nadie lo ha conseguido y si alguno lo ha hecho seguro que no ha sido a la primera. En España también tenemos un problema de mercado, por cantidad de usuarios de internet y por el negocio generado, hay determinados volúmenes a los que solo se puede llegar si desde el primer día tu mercado es el mundo entero.

Si piensas que puedes cambiar a la gente: la gente hace lo que le da la gana. Olvídate de decirle a la gente lo que tiene que hacer y como tiene que hacerlo, solo vas a lograr decepcionarte. Lo que tienes que hacer es ponerles las cosas fáciles y si creas algo lo suficientemente abierto incluso puedes lograr que la gente lo adapte y utilice según sus intereses. El caso de los retwitts en Twitter buen ejemplo.

Si piensas que en Silicon Valley está la solución a tus problemas: allí es todo igual de difícil, es cierto que hay más dinero y que el ambiente es más propicio para emprender, pero también es cierto que allí están los mejores emprendedores del mundo y la competencia es enorme. Está muy bien ir allí para hacer tu empresa internacional y seguro que vas a aprender muchísimo, si decides intentarlo, mucha suerte!

Si piensas que vas a vender a Google: porque la única empresa española que ha comprado Google en toda la historia ha sido Panoramio y a mi me parece la excepción que confirma la regla. Por las circunstancia de la compra, por la trayectoria posterior de la empresa y por la situación actual del sector dudo muchísimo que Google ande pensando en comprar empresas por aquí. Espero equivocarme.

Si piensas que puedes engañar a la gente: no me vendas la moto y más en los tiempos que corren donde unos andan intentando predecir la siguiente burbuja y otros andan vendiendo humo allá por donde pasan. Hacer negocios no consiste en aprovecharse del otro, la gente no es tonta y ya no se deja engañar. Hay millones de formas de hacer negocios honestos y sin duda son mucho más gratificantes.

Si piensas que clonar es la solución: al principio copiar es más fácil que innovar, pero cuando se trata de vender no existe ninguna ventaja. Aunque repliques un modelo de negocio es éxito en otro país, vas a tener que currar tanto o más para convertirlo en éxito en tu país. Porque los usuarios no van a llegar si no te das a conocer y porque siempre estarás con la presión de la llegada del original que seguro sabe del negocio más que tú.

Si piensas que emprender en internet es más fácil: puede que en algunos aspectos si que resulte más sencillo hacer las cosas que en el mundo real. Sobre todo el principio parece más fácil, pero cuando se trata de crecer y convertir una buena idea en un gran negocio, hay que trabajar tanto o más que en cualquier sector, habrá tanta o más competencia y será necesario invertir mucho tiempo, recursos, dinero o lo que se tercie.

Si piensas que el social media no sirve para nada: es porque tienes los días contados, porque no te has dado cuenta de que Google ya no es el centro de todo, que vivimos una red polarizada en la que Facebook ocupa tanta o más atención que el buscador y que es cuestión de tiempo que una parte muy importante del negocio que se genera en la red se inicie con una recomendación en una red social.

Si piensas que tengo razón: que nadie te diga lo que tienes que hacer, que nadie marque tus límites, y menos un bloguero como yo. Por suerte para todos Internet es un campo infinito e incontrolable en el que hacer negocios, en el que desarrollar nuestras ideas y donde aún está todo por hacer. Cada segundo hay una nueva oportunidad de negocio en la red, vamos a aprovecharlo.

También me gustaría compartir con vosotros algunas opiniones sobre lo que pienso que sí que funciona y os puede ayudar a la hora de poner en marcha vuestra startup:

"Te va a ir bien":

Si sales a vender desde el primer día: resulta difícil si aún no tienes tu producto desarrollado, pero puedes salir a vender tu idea a quienes serán tus futuros socios, inversores, equipo e incluso clientes. Además, por suerte, ahora tenemos el crowdfunding que nos permite empezar a vender una idea antes de que se haya hecho realidad.

Si minimizas los gastos y maximizas los ingresos: este debe ser tu mantra desde el primer hasta el último día en el desarrollo de tu empresa. Se trata de una austeridad aplicada a la gestión que me parece fundamental si queremos llegar a buen puerto y sobre todo que nos ayudará a tomar mejores decisiones en el desarrollo de nuestro proyecto.

Si validas tu modelo a nivel internacional: es duro decirlo pero creo que en estos momentos el mercado español no está en condiciones de servirnos como laboratorio donde probar si un modelo de negocio es válido. En España la gente simplemente no compra o no lo lo hace lo suficiente como para que podamos saber si nuestra idea es buena. Ahora me parece fundamental que para validar un modelo de negocio usemos dos países, el mercado España simplemente no es suficiente para tomar una decisión.

Si incorporas inversores cuando ya facturas: me atrevería a decir que uno de los mayores errores que cometen los emprendedores es buscar los inversores a destiempo, la mayoría lo hacen demasiado pronto y acaban perdiendo el tiempo porque no los consiguen o teniendo los inversores que no necesitan. En una startup la financiación se necesita para crecer, si aún no sabes cómo vas a hacer para crecer entonces todo el dinero de inversores que gastes será un desperdicio. Y sí, se puede crear una empresa sin financiación, así que es cuestión de ponerse manos a la obra y esperar a que llegue el momento propicio para dar entrada a los inversores.

Si contratas despacio y despides rápido: esto a los asalariados no les va a gustar nada pero es fundamental para asegurar la viabilidad de la mayoría de las startups. El mayor coste en una empresa de este tipo son los sueldos, sobre todo si hemos aplicado sueldos adecuados a las personas que forman parte del equipo. Por lo tanto tienen que ser las decisiones más y mejor meditadas que tomemos como emprendedores. Cambiar de proveedor es fácil, despedir os puedo asegurar que es de las cosas más difíciles a las que tiene que enfrentarse un emprendedor.

Si tu prioridad es el foco: las grandes startups del momento tienen un común denominador, sólo hacen una cosa y la hacen lo mejor posible. Es el momento de decidir qué es lo que va a hacer tu startup y llevarlo hasta las máximas consecuencias. Si necesitas inspiración piensa en Whatsapp, sólo sirve para una cosa y lo hace de manera excepcional.

Si pasas de la competencia: tu mayor competencia eres tú mismo. No conozco a ningún emprendedor que haya triunfado por obsesionarse por su competencia, sin embargo si que conozco unos cuantos emprendedores que han fracasado con sus proyectos por dedicarle demasiada atención a su competencia y sobre todo por tomar decisiones en función de la estrategia desarrollada por sus competidores.

Si te obsesionas con los detalles: esta es una de las virtudes que más admiro de los emprendedores, no descansar hasta tener el producto perfecto del que sentirse orgullosos. Probablemente el mejor ejemplo de esto sea Steve Jobs del que siempre tendremos mucho que aprender y la obsesión por los detalles para mi es una de las fundamentales.

Si le das tiempo al tiempo: es muy común que las startups se adelanten a su tiempo y tengan que dedicar una cantidad ingente de recursos para lograr que su idea cuaje en el mercado. Emprender es una carrera de larga distancia y tienes que estar preparado para ello, no puedes quedarte sin aliento a medio camino porque entonces todos los esfuerzos iniciales habrán sido en vano. Y no hablo de dinero, hablo de energía y de ilusión, cárgate bien de ambas cosas porque el éxito puede tardar muchos años en llegar.

Si dejas de leer consejos y te pones a trabajar: el único consejo que realmente debería darte en estos momentos es que te pongas ahora mismo a trabajar, cada minuto cuenta y la gente, aunque aún no lo sabe, está esperando a que le vendas la idea que tienes en la cabeza y que no puede esperar más tiempo para salir al mercado.

Muchas gracias

La lectura del libro Smart Money ha llegado a su fin y ahora es el momento de ponerse manos a la obra. Espero que los consejos que has podido leer aquí te resulten de utilidad para convertir tu idea de negocio en un gran éxito.

Quiero darte las gracias por ser emprendedor, por dedicar tu vida a ayudar a otras personas creando productos o servicios que les generen valor en sus vidas y les ayuden a ser más felices. También quiero darte las gracias por crear las empresas de las que hablo cada día en Loogic y de esta forma ayudarme a que pueda dedicarme a lo que más me gusta.

También te agradezco que hayas comprado este libro, ya sea a través de la campaña de crowdfunding o posteriormente a través de la red. Si te ha gustado y resultado útil para tu negocio, me vendría genial si puedes ayudarme a darlo a conocer a otros emprendedores, por ejemplo a través de las redes sociales.

Finalmente me gustaría decirte que si te ha gustado el libro Smart Money, quizás también te puede interesar leer mi primer libro Emprender Ligero, del cual puedes conocer mucho más y también comprarlo a través de la web emprenderligero.com

Muchas gracias :)

Javier Martín

Sobre Javier Martín

Me considero ante todo emprendedor y lo que más me gusta es hacer realidad mis propias ideas de negocio. Mi primera etapa como emprendedor, comenzó en el año 2000 cuando creé mis primeras webs, y una de ellas, biotecnologica.com tuvo cierto éxito, por lo que me animé a crear mi primera empresa.

En el año 2003 descubrí los blogs y esto ha sido una de las cosas que más me ha influido en mi vida a nivel profesional, sobre todo desde que empecé a escribir en Loogic, que con el tiempo se ha convertido en mi principal proyecto a nivel empresarial.

Desde entonces he puesto en marcha y participado en un buen número de iniciativas a nivel empresarial, algunas de ellas que vale la pena mencionar son la creación de la red de blogs Tecnoblogs, que vendimos en el año 2008 y la agencia de marketing Social Media Factory, que vendimos en 2012. En este tiempo también he participado en la fundación de la comunidad de emprendedores Iniciador y he participado como socios en startups de éxito como son Sindelantal y Yunait.

En estos momentos mi gran pasión es el crowdfunding y mi objetivo es poder dedicarme a ello en los próximos años. En este sentido he tenido la oportunidad de realizar con éxito mis propias campañas de crowdfunding, como la del libro Emprender Ligero, la Guía de Inversión en Startups de Loogic y el proyecto Smart Money. También colaboro activamente con las plataformas de crowdfunding Lánzanos y Seedquick.

Finalmente desarrollo una gran actividad a nivel de formación, haciendo otra de las cosas que más me gusta hacer, ayudar a los emprendedores a tener éxito con sus proyectos. Para ello colaboro con distintas universidades y escuelas de negocio, que cuentan con programas específicos de formación para emprendedores.

Si eres emprendedor y quieres que te ayude con tu proyecto estaré encantado de hacerlo, para ello podemos hablar a través de mi correo javier@loogic.com o mi Twitter @loogic. Y para conocerme un poco mejor también puedes consultar mi perfil en http://linkedin.com/in/loogic